AF351455

Co-construcción Interactoral del Conocimiento

Co-construcción Interactoral del Conocimiento

Gabriela Bard Wigdor
Laura Barrionuevo
Noelia Cejas
Álvaro Di Bernardo
Corina Echavarría
Valeria Fenoglio
Celina Filippín
Emiliana Martina
Mariana Ortecho
Florencia Pasquale
Paula Peyloubet
Gabriela Valladares

Córdoba, 2011

Peyloubet, Paula
    Co-construccion interactoral del conocimiento. - 1a ed. - Buenos Aires : Nobuko, 2012.
    178 p. ; 21x15 cm.

    ISBN 978-987-584-394-3

    1. Epistemología. I. Título
    CDD 121

Fecha de catalogación: 02/01/2012

Revisión de textos: Paula Peyloubet y Noelia Cejas
Compaginación y diseño: Alejandro Derosa

Índice

Prólogo

El presente libro resulta de la compilación de diez artículos elaborados por un equipo de investigación que viene trabajando junto a "otros actores anónimos", hace más de un lustro, revalorizando esa "otredad".

Representa, en algún sentido, un marco teórico a partir de posicionamientos, tanto ideológicos como axiológicos, que el grupo de autores y los "otros" han ido adoptando en sus recorridos tanto investigativos como de la vida cotidiana generando, madura y comprometidamente, un sólido camino hacia abordajes epistemológicos alternativos junto a sus correlatos metodológicos, tal vez estos aún incipientes.

El planteo general, de los artículos que aquí se presentan, corresponde a un relato teórico empírico que reivindica la diversidad de saberes desde una reflexión de convivencia, no tan sólo conveniente sino esencialmente democrática, que postula la necesidad de encuentros pluriversales, donde el valor no se restringe a la legitimación de la ciencia moderna, dando a luz otro producto: un saber colectivo fruto de la articulación horizontal, y no necesariamente verbalizada, de conocimientos de sentido común y específicos.

Algunos trabajos de esta compilación abordan problemáticas construidas a partir de consensos interactorales contextualizados. Estas investigaciones de campo intentan reconstruir aspectos operacionales- metodológicos- en el marco de los nuevos abordajes epistémicos a los que se adhiere y efectivamente construye.

Otros trabajos presentan reflexiones teórico epistemológicas, concurrentes a una nueva base cognitiva, con las que se espera contribuir en la operacionalización de las acciones tendientes a producir los cambios democráticos en la construcción de nuevos conocimientos.

Los primeros cuatro trabajos son expresiones colectivas conectadas a experiencias conjuntas de base empírica.

El primer artículo colectivo, *"Contribuciones a una perspectiva interactoral de co-construcción de conocimiento para el desarrollo de tecnología social"*, relata un proceso investigativo en la ciudad de Concordia, provincia de Entre Ríos, donde se pretende aportar insumos para pensar y construir un abordaje alternativo de desarrollo tecnológico, orientado a la resolución de problemáticas sociales. Para ello, se ponen en dialogo y articulación los elementos que provienen del campo de la sociología de la tecnología, de la tecnología social y del enfoque teórico-metodológico de co-construcción interactoral de conocimiento. En el sentido de la práctica que se describe en ese texto, se propone una producción conjunta de conocimientos innovativos, dinamizada por la participación de actores con saberes diferentes (académico, práctico, popular, político), contribuyendo a la democratización del conocimiento y a la producción de tecnología social.

El segundo artículo, *"Repensando dinámicas de transformación social a partir de una epistemia de base cognitiva participativa"*, plantea algunos cuestionamientos respecto de la base cognitiva con la que el Estado, y su sector de Ciencia y Tecnología, aborda la problemática habitacional marcada fuertemente por el determinismo tecnológico. La crítica a esta modalidad puede no ser una novedad, mas la revisión del modelo epistémico a través del cual se piensa el problema y sus consecuentes abordajes se consideran un aporte de este artículo. Por ello se presenta, mediante una mirada transdisciplinar, los fundamentos y rasgos de una epistemología participativa que persigue resultados socialmente inclusivos.

El tercer artículo, *"Reflexionando en torno a la producción de conocimiento como proceso inter-actoral: co-construyendo una perspectiva alternativa"*, pretende revisar críticamente los procesos a partir de los cuales se generan conocimientos en el desarrollo de la sociedad capitalista. Las ideas desarrolladas a lo largo del trabajo despiertan el reconocimiento sobre la debilidad de las intervenciones científicas y tecnológicas en escenarios de transformación y construcción social. Puntualmente se intenta abordar la distancia que se evidencia entre las producciones de conocimiento reconocidas y legitimadas por la academia, y las producidas socialmente por otros actores, procurando ahondar en la búsqueda de rasgos epistémicos que puedan configurar una producción diferenciada de conocimiento. Las reflexiones se vinculan en gran medida a un trabajo de indagación, teórica y empírica, enmarcado en un proyecto de investigación desarrollado en el asentamiento Villa La Tela, ubicado en la ciudad de Córdoba.

El cuarto y último artículo colectivo, *"Lo natural es pensar diferente: reflexionando sobre las praxis emancipadoras en las prácticas de investigación"*, responde a una preocupación de las autoras entorno a la noción de Emancipación, vinculada a la construcción de conocimiento, y de la práctica del investigador/a social en los espacios de intersubjetividad propios de la intervención del trabajo de campo. En este sentido la intención de este trabajo es discutir, desde los aportes de la investigación militante con las corrientes de investigación social positivistas, por el contraste explícito que presentan con la perceptiva epistemológica y metodológica que en él se desarrolla. No implica por ello desconocer los avances que las corrientes de investigación interpretativas han aportado en relación a las preocupaciones tales como la relación que se establece con los sujetos de la investigación y la necesidad de comprensión del sentido de la acción social en el contexto del mundo de la vida desde la perspectiva de los mismos.

El quinto artículo que se presenta, comienza con el ciclo de trabajos individuales, con contundentes miradas transdisciplinares a partir de una epistemia compartida tal como es la co-construcción del conocimiento, *"Proceso comunicacional interactoral: consideraciones hacia un abordaje de categorías fundamentadas"*, pretende dar cuenta de algunos elementos conceptuales que conforman el proceso comunicacional inherente a prácticas de co-construcción interactoral de tecnología social. La perspectiva epistemológica de la práctica que se observa es participativa, de modo que los procesos comunicacionales constituyen una dimensión constitutiva y un punto de observación privilegiado para el estudio de sus dinámicas particulares. Tomando por base algunos conceptos propuestos por Boaventura de Sousa Santos, quien propone una perspectiva analítica pertinente al tipo de caso empírico que se aborda, se comienzan a delinear algunas categorías conceptuales que se nutren del trabajo de campo, estimuladas inicialmente por el concepto de traducción propuesto por el autor antes señalado.

El sexto artículo, del ciclo individual, *"De-construir para re-construir otra tecnología en el campo del hábitat"*, sostiene que en la mayoría de las investigaciones y trabajos en torno a la problemática del Hábitat, subyace una crítica común: la ineficiente ó inadecuada forma en que el Estado aborda el problema a través de sus distintas políticas sociales. El argumento se apoya en que las mayorías de las políticas, y en particular la habitacional, aborda la problemática a partir de interpretar las "carencias" de determinados bienes y servicios de la población con menores recursos. Este reduccionismo en el enfoque implica que el Estado viene llevando a cabo una política habitacional centrada en la provisión de vivienda-artefacto. En ese sentido el trabajo presenta la búsqueda de abordajes adecuados para la producción del Hábitat a partir de cuestionar, desde un enfoque crítico, las actuales intervenciones tecnológicas con las cuales se intenta resolver la problemática. Para ello se trabaja a partir de dos corrientes críticas de pensamiento; por un lado el estudio de las Tecnologías Sociales y por otro la Corriente Poscolonial, ambas consideradas como los marcos teóricos más adecuados para generar abordajes diferenciados en el campo de la producción de Hábitat.

El siguiente artículo *"Hacia una socialización del conocimiento científico. Un abordaje interdisciplinario a la realidad habitacional, económica y forestal de Villa Paranacito"*, séptimo del ciclo individual, se presenta una forma multidisciplinaria de acercarse a un problema. En un marco disciplinar tripartito: forestal, entomológico y químico, se desarrolló un trabajo de incumbencia pertinente y necesaria en el escenario de hábitat desde una perspectiva de desarrollo local integrado. El camino que se recorrió en este trabajo partió desde lo macro (problemática forestal-entomológica), hacia lo micro (química de laboratorios); actualmente la investigación pretende conducir lo producido puertas adentro (microesferas poliméricas para el control de plagas) hacia afuera (plantaciones forestales infestadas), utilizando el conocimiento producido en ámbitos de necesidad real (social, ambiental, etc.) respondiendo al propósito de la ciencia: lo básico para lo aplicado, como dice su autora. El desafío es entonces recoger lo aprendido por tantos, ponerlo al servicio de la vida real y que genere utilidad.

En los últimos años, en el campo de la arquitectura, dice el octavo artículo, *"Primeros aportes a la definición de un diseño bioclimático participativo"*, el diseño bioclimático ha tomado relevancia en cuanto es considerado como una de las posibles soluciones para mitigar la problemática ambiental en edificios. Si bien, en su implementación se intenta dar una respuesta integral al problema, por lo general, se detectan variables que no son suficientemente consideradas durante su construcción. En ocasiones, esta situación, puede producir un desfasaje entre lo que es ideado en términos del proyecto respecto a lo que resulta de su uso. Por otro lado, se reconoce de la arquitectura vernácula la capacidad de adecuarse a las condicionantes del sitio y a la idiosincrasia de una comunidad, aunque en su concepción se detectan ciertos elementos que limitarían su reproducción. El interés del trabajo se centra, entonces, en fundamentar una propuesta de ajustes y correcciones en el proceso general de diseño de la vivienda bioclimática. En este sentido, se puede reconocer la necesidad de construir abordajes que articulen la sistematicidad del enfoque científico tecnológico y lo implícito del modelo vernáculo, con el objeto de realizar aportes a la construcción del problema-solución, tendiente a lograr una mirada más compleja la situación.

"Sobre por qué es necesario convencer a las Ciencias Sociales", es el noveno artículo de esta zaga y propone reflexionar acerca de la producción de conocimiento científico que implica, indefectiblemente ajustar cierta elaboración de sentido en el caso de las ciencias sociales, a una tradición que en muchos aspectos se impone sobre aquello nuevo que intenta emerger.

La tan mentada relación agencia-estructura aparece en los distintos procesos de configuración y reconfiguración del campo científico, 'dejando ver' que el juego entre 'reproducción' y 'transformación' es siempre complejo, lleno de matices y singularidades. Por ello, dice la autora, todo producto científico, es en alguna medida y algún aspecto congruente a aquellos que lo antecedieron. Es decir, todo conocimiento susceptible de llamarse 'científico' debe ser legible a los sistemas de representación del campo. De esta manera, las Ciencias Sociales pueden perfectamente explicar su rasgo fundamental, atinente a la condición 'intelectual' del conocimiento. Sin embargo, algo en la configuración epistémico cultural actual podría estar permitiendo un salto de otro tipo, que quizás no tenga parangón en la historia de la ciencia moderna. Se trata de una situación peculiar que desde América Latina denuncia los fundamentos de los límites que han situado en occidente a la ciencia como la institución gnoseológica racional objetiva escindida de otras formas de conocimiento. Y esta es la reflexión a la que tanto se teme, plantea la autora, y relata cómo es posible repensar algunas cuestiones que colectivicen la construcción de conocimientos y sus sentidos simbólicos y funcionales.

Por último, el artículo décimo, *"Hacia una base cognitiva democrática. Construcción, debate y operacionalización del conocimiento colectivo en el campo del hábitat"*, presenta una mirada diferenciada acerca de las construcciones de conocimiento en el ámbito del sector de ciencia y tecnología. Se aborda específicamente la problemática del hábitat, a partir de nuevas estrategias, donde la articulación de saberes diversos implica un reconocimiento de experiencias cotidianas y acervos culturales de la población en general, que resuelve naturalmente sus problemas. La ciencia y la tecnología, como sector de innovación, es cuestionada por el presente trabajo en tanto no siempre aporta conocimientos útiles para la sociedad en su conjunto. Se denuncian beneficios a favor de sectores empoderados que ponen en jerarquía, hegemónicamente, sus intereses. El conocimiento es la manifestación de intereses sectoriales y construcciones legitimadas por convenciones de la ciencia moderna. Los saberes tradicionales son excluidos del potencial resolutivo. Esto se describe en el artículo. Se coloca, en esta presentación, una reivindicación de los saberes cotidianos y las necesidades de las comunidades que, naturalmente, logran descifrar los misterios de la sobrevivencia prolongándose en el tiempo como un sector sabio y solidario. Lecciones para aprender.

Como elemento final de este prólogo, vale un agradecimiento profundo al Dr. Renato Dagnino, quien acompañó estos trabajos con un breve texto, *"Quatro peças para armar o quebra-cabeça"*, que a manera de presentación introduce una reflexión que puede resumirse, como él mismo lo indica, en la siguiente frase: alinear la Política de Ciencia y Tecnología al proceso de transformación-cambio social en curso en la región; contribuyendo de esta manera, desde su comprometida perspectiva ideológica, al posicionamiento epistémico y axiológico del resto de los artículos que se presentan en este libro.

A lo largo del libro, los lectores, podrán discurrir en novedosos itinerarios, tal como si fuera un viaje, cuyos recorridos son contra hegemónicos y fuertemente críticos.

Estos cuestionamientos surgen de repensar las problemáticas planteadas universal y objetivamente, que han sido escasamente exitosas en el campo de las acciones sociales, habiendo producido, o dejando que se produzca, una sociedad desigual, injusta y clasista.

El posicionamiento crítico, que intentan elaborar los diez artículos, favorece la toma de conciencia y la posibilidad de un redireccionamiento en el ámbito de las ciencias y la tecnología para dar lugar a una cognición celebradamente colectiva, donde el acervo cultural y las prácticas sociales son clave para una nueva construcción donde se entrelacen saberes y modalidades cognitivas pluriversales. La valorización de la "otredad" como saber complementario se hace evidente en la reposición de los problemas y sus soluciones, y las representaciones diversas de dichos saberes toman estado de necesidad en una reconstrucción comunicacional profundamente democrática.

Las/os autoras/es invitan responsablemente a un desafío de reflexividad en el campo de la ciencia y la tecnología proponiendo un escenario de co-construcción interactoral del conocimiento.

Paula Peyloubet
Córdoba, diciembre de 2011

Quatro peças para armar o quebra-cabeça

Dagnino, Renato(*)

Ao receber o convite para apresentar uma coletânea que trata dos temas relacionados à Tecnologia Social me dei conta de que o pretexto de que já estávamos no fim do fim de ano não seria suficiente para que eu me recusasse: o assunto era interessante demais.

Mas, como se não bastasse o fato de que eu venho trabalhando no assunto, o convite era feito por uma colega que talvez seja uma das que mais tem se interessado pelo que eu venho escrevendo.

Lendo o material que a coletânea reúne, e refletindo sobre as conversas que venho tendo com Paula e com os colegas de sua equipe, em que eu tenho procurado explicar porque no espaço da relação CTS brasileira os temas com que trabalhamos são inarredáveis, achei que valia a pena prosseguir com esse caminho argumentativo. Afinal muito do que acontece no Brasil é ilustrativo do que pode vir a acontecer – "para o bem" ou "para o mal" – nos outros países da América Latina.

O repto normativo que faço nesta Apresentação se dirige tanto aos autores dos trabalhos desta coletânea como aos seus leitores. Ele pode ser resumido com a frase: alinhar a Política de Ciência e Tecnologia (PCT) ao processo de mudança social em curso na região e aos objetivos que possuem demanda a montagem de complexo um quebra-cabeça. Vou tentar armá-lo levando em conta o caso brasileiro para mostrar o contexto em que teria que se gestar uma política pública capaz de dar conta dos desafios que colocam as ações propostas nos trabalhos. Espero dessa forma chamar a atenção para a necessidade de não perder de vista o duplo caráter - de policy e de politcs – que eles envolvem.

A primeira peça do quebra-cabeça se refere à adição de "Inovação" ao nome do antigo Ministério de Ciência e Tecnologia, o que ocorreu no início de agosto. Está tão disseminada a noção de que a "saúde" das empresas demanda inovação – tarefa de Sísifo ingenuamente outorgada à nossa sexagenária PCT –, que isso pouco surpreendeu. O fato de ela integrar o Plano Brasil Maior, cujo slogan é "Inovar para competir e competir para crescer", por ser coerente com o significativo aumento dos subsídios do MCTI às empresas, merece comentários.

O primeiro, de constatação, é sobre o termo "inovação" e requer uma rápida digressão conceitual. Schumpeter (um dos pioneiros no estudo da inovação tecnológica e de suas implicações) conceitua inovação como "novas maneiras de combinar matérias e forças", que seriam perseguidas pelo empresário para perturbar o mercado, garantindo-lhe temporariamente uma posição quase monopolista. Para os neoschumpeterianos que formam a corrente da economia da inovação, a inovação, esta se resume ao embate capital-capital, que se dá fora da empresa e permitiria aumentar o lucro.

Esses defensores da inovação omitem a dimensão interna à empresa: o embate capital-trabalho em busca da apropriação da mais-valia relativa. Embora saibam que – analítica e temporalmente – verifica-se previamente. O deslizamento semântico promovido por eles coloca o "empresário schumpeteriano" como "o" ator social que promove o desenvolvimento do "Brasil maior".

A adição do termo "inovação" revela o predomínio daquela corrente e reitera decisões que reforçam o caráter pró-empresa da PCT, que vem se acentuando desde o período neoliberal.

Os inovacionistas, com seu estandarte "papersnão produzem patentes", desbancaram os cientificistas, que orientavam a PCT para a oferta de conhecimento para a empresa mediante o fomento à formação de pessoal e à pesquisa na universidade, assim como a criação de institutos de pesquisa, incubadoras, parques e polos tecnológicos.

E a PCT passou a privilegiar atividades de pesquisa e desenvolvimento (P&D) na própria empresa. O papel do BNDES e o "rejuvenescimento" da Finep previstos no Plano Brasil Maior se somam ao subsídio direto e às bolsas para pesquisadores que quiserem contribuir para a "saúde" das empresas.

O segundo comentário é de dúvida. Serão eficazes os novos remédios para combater a endemia que assola as empresas em todo o mundo, isto é, a atavicamente baixa propensão à P&D? A comparação dos comportamentos das empresas locais com as situadas nos países avançados responde taxativamente que não. Muito mais do que lá, as (poucas) que aqui inovam preferem adquirir tecnologia incorporada em máquinas e equipamentos a realizar P&D; e quando o fazem pouco acorrem a fundos públicos ou demandam pesquisa de universidades e institutos de pesquisa.

A baixíssima propensão a realizar P&D se revela no desinteresse pelos mestres e doutores. Dos 90 mil que formamos em ciência dura, entre 2006 e 2008, para realizar P&D, menos de setenta (!) foram aproveitados pelas empresas. Essa relação, de menos de 1%, se comparada à norte-americana, que é de 70%, torna desnecessárias mais evidências para responder à pergunta feita acima.

O terceiro é de provocação. Ele traz à tona o Plano Brasil sem Miséria, divulgado há três meses. Gerar trabalho e renda para os 120 milhões de brasileiros em idade de trabalhar, e que não têm carteira assinada, requer complexo conhecimento tecnocientífico específico para os empreendimentos solidários que estão emergindo do setor informal. Que dirá propor um programa de desenvolvimento de "Tecnologia Social", que é como se chamam as iniciativas necessárias para completar suas cadeias produtivas. Aquelas que irão produzir bens e serviços para os mais pobres e também os de natureza pública, que poderão ser alavancados via poder de compra do Estado.

O Ministério não pode abrigar apenas inovacionistas e cientificistas. Os solidaristas também "querem agenda" para disseminar a proposta de que esses arranjos tecnoprodutivos precisam (e merecem) mais atenção do que as empresas, para melhorar sua "saúde", sua sede de conhecimento novo.

A segunda peça do quebra-cabeça também se refere a um arranjo institucional inaugurado pelo Plano Brasil Maior, a criação da "Embrapa da indústria"; a Empresa Brasileira de Pesquisa Industrial (Embrapi).

Segundo um dos secretários do MCTI, a ideia é "enfrentar o desafio de transferir conhecimento da academia para o setor produtivo". Citando acertadamente "como exceção o setor do agronegócio, que serve de exemplo para outros segmentos industriais", ele afirma que "apesar do marco legal estimular o setor industrial" e dos recursos disponíveis estarem se multiplicando, a empresa segue pouco disposta a realizar P&D.

A Embrapi viria para "agilizar e facilitar o processo inovativo, que é interrompido entre a produção e a fase negocial", aproveitando "a boa experiência da Embrapa, que servirá de exemplo".

Os estudiosos da PCT latino-americana há muito tempo nos legaram três ensinamentos que podem ajudar a entender as limitações dessa ação.

O que primeiro é que, em áreas onde onde não existia o conhecimento para aplicar um projeto político de alguma elite dominante, fomos capazes de armar a "cadeia de inovação" que vai da "pesquisa pública básica" até o sucesso econômico privado (Instituto Agronômico, Embrapa, Cenpes-Petrobras etc.), político-estratégico (CTA-ITA-Embraer, CPqD etc.) ou social (Instituto Oswaldo Cruz etc.).

De fato, em toda a América Latina, tem sido apenas em segmentos com essas características –especificidades locais e importância para algum projeto político–

que se pôde emular os países de capitalismo avançado.

O segundo ensinamento é: "Em qualquer lugar e tempo, existirão três bons negócios com tecnologia: roubar, copiar e comprar...; e nenhuma empresa ou país irá desenvolver tecnologia se puder realizar um desses três".

O terceiro é um corolário para o caso brasileiro. Aqui, mais do que em outros países que foram relegados à periferia do capitalismo – como Índia, Peru, China, onde o conhecimento autóctone não foi arrasado pelo eurocêntrico –, nossa ancestral dependência cultural, o baixo preço da força de trabalho e o elevado grau de oligopólio tornam ainda mais intensa e estrutural a aversão natural da empresa a realizar P&D.

Ou seja, não é porque sejam atrasadas, ou porque não exista "cultura" ou "ambiente de inovação", e sim porque são agentes econômicos racionais, que as empresas "brasileiras" não fazem P&D. Quem duvida, deve observar a elevada taxa de lucro (que é o critério mais apropriado para avaliar o seu desempenho) que obtêm "nossos" excelentes empresários. O fato de os segmentos em que logramos êxito estarem em geral situados em áreas como saúde humana, vegetal e animal, e recursos naturais, e não na industrial, apenas confirma esses velhos mas pouco lembrados ensinamentos.

Por estar o Ministério da Agricultura historicamente comprometido com o agronegócio, militantes do PT agrupados em seu Setorial de C&T, quando da elaboração do plano de governo, consideravam que só no MCT seria possível retomar a bandeira contra-hegemônica da agricultura familiar, que levantaram com algum sucesso no início do governo Lula. Provavelmente em prol da governabilidade, isso não ocorreu. E mesmo quando ocorreram tímidas ações do presidente da Embrapa para desenvolver tecnologia para a agricultura familiar, irados e uníssonos protestos na mídia, dos porta-vozes do agronegócio "moderno" e do latifúndio "atrasado", provocaram sua demissão. Essas situações sugerem que, quando uma instituição desenvolve pesquisa aderente aos interesses de alguma elite, ela não apenas a usa e valoriza, como impede sua reorientação.

Para avaliar a probabilidade de sucesso da Embrapi, é preciso adicionar pelo menos dois processos à menor propensão à P&D da elite industrial. O que vem ocorrendo há duas décadas é a desindustrialização e a desnacionalização e, mais recentemente, a "ameaça chinesa".

Não é plausível a expectativa dos fazedores da PCT de buscar competitividade via inovação em P&D, e não na importação de tecnologia desincorporada e, principalmente, como vêm fazendo, de modo contumaz, com a compra de tecnologia embutida em máquinas e equipamentos.

Cabe lembrar as inúmeras evidências de que as empresas, apesar do significativo aumento dos benefícios que vêm recebendo do governo – que vão desde a subvenção econômica até a alocação gratuita de pesquisadores, passando pela renúncia fiscal –, não têm se tornado mais propensas a realizar P&D.

Durante o período neoliberal, os fazedores de política também esperaram que as empresas industriais, acicatadas pela abertura comercial, iriam se tornar competitivas via o que hoje propõem: a transferência dos resultados da pesquisa universitária e a realização de P&D intramuros. O que ficou patente foi que elas simplesmente venderam seus ativos ao capital estrangeiro para explorar outros negócios, provocando a informalidade que até agora amargamos.

Antes de conceber inovações organizacionais, como a criação de uma "Embrapa da indústria", é necessário que os fazedores de política compreendam o que diferencia o comportamento das elites que se relacionam com a C&T. E, mais ainda, percebam que há outros agentes econômico-produtivos, que não são empresas privadas, e sim os empreendimentos solidários, que necessitam e merecem urgentemente sua ação.

A terceira peça do quebra-cabeça não está ligada, como as anteriores, a ações pontuais derivadas da importância hoje conferida ao fomento à P&D empresarial. Ela se refere à racionalidade que mostra como, ao predicar o inovacionismo, ela contribui para a naturalização da ideia de que o público (em especial a universidade) deve servir ao privado.

A primeira série de declarações foi publicada no JC e-mail da SBPC de 25 de agosto de 2010: "Cientistas esperam que próximo presidente resolva gargalo da inovação tecnológica". Nesse comunicado, o então presidente da SBPC, Marco Antonio Raupp, propunha que a PCT devia colocar o potencial de pesquisa das universidades federais e estaduais (as principais produtoras de pesquisa no país) a serviço do setor privado. O fortalecimento da orientação privatista estimula a interação entre universidades e empresas e aponta que o "gargalo no setor de ciência e tecnologia" se deve a que "poucos experimentos conseguem sair dos laboratórios e chegar ao setor privado".

A ênfase nesse "gargalo" está numa ideia de senso comum que muitos analistas da PCT há muito questionam: a de que, para beneficiar a sociedade e atender aos direitos dos cidadãos, o conhecimento produzido nas universidades e institutos de pesquisa públicos tem de passar, antes, pela empresa privada.

Partilhando dessa ideia, o presidente da Academia Brasileira de Ciências, Jacob Palis Jr., "defende mais incentivos fiscais para estimular a inovação dentro das fábricas" e diz que "é preciso facilitar a participação do pesquisador nos programas de desenvolvimento de pesquisas no setor privado". Já Guilherme Marco de Lima, vice-presidente da Associação Nacional de Pesquisa e Desenvolvimento das Empresas Inovadoras (Anpei), preconiza "projetos de parcerias a longo prazo" e reclama que "os atuais mecanismos de financiamento para a inovação não acompanham o ritmo do processo da iniciativa privada".

A segunda matéria, publicada no Estado de S. Paulo, em 19 de dezembro de 2010, com o título de "Ciência no setor privado ainda frustra", é uma entrevista com o diretor científico da Fapesp, Carlos Henrique de Brito Cruz. À pergunta "Quais os principais desafios para a ciência no Brasil?", ele respondeu: "intensificar as atividades de P&D nas empresas, disseminar a atividade de pesquisa acadêmica [...] e criar no Brasil instituições acadêmicas muito competitivas internacionalmente, que sejam ranqueadas entre as cem melhores do mundo".

A quarta peça do quebra-cabeça adiciona elementos para a compreensão de como o inovacionismo vem sendo disseminado, legitimado e naturalizado na universidade pública. Aí é onde se gestam as ideias que são materializadas na PCT, se convencem os professores responsáveis de sua formulação, aplicação e avaliação, e onde se formam os jovens que lhes darão continuidade.

Para mostrar como o inovacionismo é inoculado entre os estudantes que o tomarão como orientação em seu processo de formação e em suas atividades profissionais, e tenderão a perpetuá-lo como diretriz, ainda que difusa, da PCT, cito uma última entrevista. Publicada em 29 de maio de 2011 no Jornal da USPcom o título "Oportunidade para inventores", ela trata da Olimpíada USP de Inovação, "que pretende estimular novas ideias e contribuir para fortalecer a 'cultura da inovação' na Universidade".

Nessa entrevista, o coordenador da Agência USP de Inovação, Vanderlei Salvador Bagnato, que "atua principalmente apoiando pesquisas realizadas na Universidade, de modo a incentivar a inovação desde os primeiros anos da graduação" (grifo meu) fala de seu objetivo de "mostrar como a inovação é benéfica para a USP e para a sociedade paulista e brasileira".

Apoiando-se num idílico conceito de inovação – "é o ato da criatividade humana para resolver um problema concreto" –, ele aponta a "importância da transferência do que é estudado na pesquisa para a efetiva viabilidade mercadológica". E, o que é mais significativo, sustenta que "quem inova na pesquisa já pensa em necessidades do mercado, de modo geral. Essa ideia deve ser expandida, pois os benefícios não são exclusivos das empresas produtoras. É um lucro [sic!] do Estado e da sociedade".

Ele segue dizendo que "o mais interessante da competição não é o prêmio, é sua capacidade de fazer as pessoas pensarem de modo diferente, com empreendedorismo. A USP já é muito forte na pesquisa, falta desenvolver nos alunos maturidade em negócios". Depois de afirmar que "é exatamente esse espírito criativo que a competição e a Agência USP de Inovação procuram fomentar", ele ressalta: "o inovador não nasce pronto. A inovação pode ter a ver com características pessoais, mas, no geral, as pessoas são treinadas para se tornarem inovadoras e criativas". E conclui: "Somente quando isso for consolidado e virar corriqueiro, aí sim, podemos esperar uma explosão de ações que resultarão em novos produtos, em inovação tecnológica".

Encerro aqui esta tentativa de armar meu quebra-cabeças convidando o leitor a encontrar outras peças e a contribuir para uma análise das políticas de C&T e de ensino superior que permitam sua orientação numa direção mais coerente com as propostas da Economia Solidária e da Tecnologia Social. Propostas que mais do que nunca se revelam como indispensáveis para aprofundar o processo de democratização em curso na América Latina.

(*) Renato Dagnino. Post-doctor en Política Científica, Doctor en Economía e Ingeniero. Profesor titular de la Universidad de Campinas, Departamento de Política Científica y Tecnológica, Coordinador del Programa de Gestión Estratégica Pública de UNICAMP y miembro del Consejo de Orientación de la Incubadora Ecológica de Cooperativas Populares de UNICAMP, Brasil.

Contribuciones a una Perspectiva Interactoral de Co-Construcción de Conocimiento para el Desarrollo de Tecnología Social[1]

Peyloubet, Paula; Cejas, Noelia; Di Bernardo, Álvaro; Fenoglio, Valeria; Barrionuevo, Laura; Valladares, Gabriela; Martina, Emiliana

INTRODUCCIÓN

El presente artículo pretende aportar a las discusiones vigentes en torno a nuevas formas de construcción del conocimiento en Ciencia y Tecnología, desde una base empírica. En este sentido, se propone complejizar los abordajes que persiguen la resolución de problemáticas de inclusión social incorporando, en esa construcción, la perspectiva de actores que muchas veces se encuentran inmersos en prácticas intervencionistas, desde perspectivas deterministas tecnológicas, que no permiten dinamizar sus conocimientos. La perspectiva interactoral de co-construcción de conocimiento para el desarrollo de tecnología social propone la articulación de actores y saberes, a partir de formas de conocimiento democráticas, inclusivas y con un mayor acercamiento a la realidad de los protagonistas.

De este modo, cobra relieve la idea de proceso, en la actividad de investigación, donde se intenta eliminar las definiciones aprioristicas y, por el contrario, sobre la base de la experiencia se pretende construir escenarios que faciliten y dinamicen la articulación de actores y saberes locales. El escenario sobre el cual se despliega esta perspectiva teórico-metodológica es Concordia, localidad litoraleña donde se desarrolla un circuito socio-productivo de tecnología social.

Será necesario dar cuenta de los elementos conceptuales para, posteriormente, describir el proceso empírico desde el cual se sigue desarrollando el mismo.

BREVE MARCO REFERENCIAL

Primeras consideraciones conceptuales

Se parte del reconocimiento de que las tecnologías desempeñan un papel central en la sociedad, condicionando posiciones y conductas de los actores; estableciendo estructuras de distribución social, costos de producción, acceso a bienes y servicios; pudiendo generan, además, problemas sociales y ambientales, asimismo facilitando o dificultando su resolución (Thomas 2011b). Comprender este tipo de fenómeno implica reconocer que no se trata sólo del impacto que producen las tecnologías en la sociedad, ni tampoco de una mera causalidad social en el desarrollo de tecnologías, sino de una correlación entre ambas. Pensar a la tecnología y a la sociedad en una correlación no determinista permite visualizar la complejidad con que deben ser abordados este tipo de procesos.

Este posicionamiento teórico surge de la perspectiva que propone el enfoque de Social Construction of Technology (SCOT). Esta perspectiva teórica considera que el cambio tecnológico no tiene como motor una lógica exclusivamente técnica –como sostienen los abordajes deterministas tecnológicos–, la cual conlleva una trayectoria natural de superación de modelos, sino que es producto del interjuego de los diversos grupos sociales que le atribuyen distintos significados al artefacto tecnológico. Se introduce la metáfora del tejido sin costuras (seamless web), por la cual se considera que el desarrollo tecnológico no debe ser explicado como un desarrollo lineal de conocimiento técnico, influenciado por factores sociales, sino que constituye un entramado complejo en el que se integran hechos heterogéneos (artefactos, instituciones, reglas, conocimientos, etc) y actores diversos (ingenieros, empresarios, agentes políticos, usuarios, etc), de forma no lineal (Thomas, 2011a).

De la perspectiva SCOT, interesa especialmente su capacidad de visibilizar la intrínseca relación entro lo social y lo técnico. Sin embargo, en el marco de un proceso de transformación social (la esencia de la tecnología social) abordar esta realidad desde una perspectiva analítico-descriptiva es insuficiente si lo que se pretende es aportar a esa transformación; una descripción analítica sólo puede ser desarrollada ex-post mientras que lo esencial es el proceso, lo ex-ante. De manera subyacente, lo que también está en juego es el rol de los actores científico-tecnológicos y su capacidad de comprometerse empíricamente en procesos de transformación social. En tal caso se pretende aportar a la operacionalización de un proceso de este tipo que, al reconocer la importancia de los actores sociales relevantes en el funcionamiento de la tecnología, los incorpora desde su génesis.

En este sentido, se recuperan los aportes de Boaventura de Sousa Santos (2009), quien desde la Sociología de las Ausencias y la Sociología de las Emergencias, propone rescatar los saberes que surgen de las experiencias sociales, en un intento por desmontar la dicotomía existente entre conocimiento experto o científico y conocimiento local o popular, dando lugar a constelaciones de saberes donde se combinan de manera transdisciplinaria y transectorial.

En una recuperación de estas vertientes, el concepto de Tecnología Social pretende articular una perspectiva no determinista tecnológica, reconociendo el rol decisivo de los actores intervinientes en lo referido a la construcción técnica sobre la base de dinámicas de producción colectiva de conocimiento, por medio de estrategias que permitan contrarrestar las relaciones asimétricas históricamente instituidas aportando a una construcción política instituyente. Podemos decir que la tecnología social tiene una triple dimensionalidad: una construcción técnica, una construcción política que además se sustenta en un proceso participativo.

La tecnología como herramienta de transformación social

En la última década surge fuertemente en América Latina la corriente de Tecnología Social como una denominación que está siendo políticamente construida por distintos colectivos sociales. La misma se opone a la lógica capitalista y de las grandes empresas actuando a partir de espacios y prácticas que articulan diferentes tipos de saberes, reorganizando estrategias cotidianas de resistencia de los sectores oprimidos; desde su esencia la propuesta que lleva adelante la corriente de Tecnología Social se posiciona como un proceso con explícitas intenciones contra-hegemónicas.

En ese sentido, Renato Dagnino (2010) define a la Tecnología Social como el resultado de la acción de un colectivo de actores que trabajan en un proceso condicionado por un contexto socio-económico (que define el tipo de propiedad respecto a los medios de producción, la cual, para la Tecnología Social sería de tipo colectiva) y un acuerdo social (que legitima la asociación); estos elementos se reflejan en el entorno de producción, donde el control del proceso es auto-gestionado y participativo, con base en la toma de decisión colectiva.

De manera complementaria De Moura Varanda y Bocayuva (2010) consideran que la autogestión, comprendida como una categoría anticapitalista, remite tanto a las formas sociales productivas como a un proyecto más amplio de sociedad caracterizado por relaciones de mediación facilitadoras de la participación popular. Emprendimientos solidarios son aquellas organizaciones productivas de grupos informales, cooperativas, asociaciones y/o redes; iniciativas generadas colectivamente por un régimen democrático en el cual todos los asociados son dueños de los medios de producción (hablamos de propiedad colectiva y no propiedad privada de los bienes de producción). Cuando las personas y grupos sociales asumen la dirección de sus acciones, opiniones y pensamientos hablamos de autonomía; cuando obtienen una forma colectiva de producción hablamos de autogestión.

En este marco el reconocimiento, valorización y articulación de los conocimientos de cada uno de los actores de la comunidad se convierte en un factor clave. El encuentro de los diferentes actores y sus saberes, en el marco de una relación de afinidad, respeto y participación se propone la construcción conjunta del binomio problema-solución. Reconocer en todos los actores su capacidad para "construir tecnología", pone en el centro de los procesos las potencialidades que están contenidas en los saberes de los actores que muchas veces se encuentran inmersos en prácticas intervencionistas, desde perspectivas deterministas tecnológicas, que no permiten dinamizar sus conocimientos.

A nivel general la tecnología puede ser comprendida como un fenómeno social, un conjunto de informaciones, conocimientos, métodos y técnicas utilizadas en la producción de bienes materiales e inmateriales. Es importante destacar que, tal cual es entendido por el sistema económico actual, el desarrollo tecnológico no propicia por sí mismo mejoras en la calidad de vida de todos los sectores de la sociedad, sino que su potencial crecimiento y anclaje se asientan sobre decisiones conscientes de sectores empoderados que suponen mejoras superlativas en algún sentido. Pero no siempre dichas mejoras son pensadas por todas las personas que irremediablemente se verán alcanzadas por esas decisiones.

Se retoma lo planteado por De Moura Varanda y Bocayuva (2010) quienes afirman que, en el sistema capitalista la creación y el desarrollo tecnológico se encuentran históricamente subordinados a la satisfacción de necesidades productivas y reproductivas del capital, especialmente de las grandes corporaciones. Con la intensión de desnaturalizar esta realidad y alcanzar un horizonte alternativo, se comienza a pensar en la tecnología en otro sentido: ¿es posible construir una tecnología para todos y todas? ¿quiénes deben y puedan crearla?

En el marco de la experiencia empírica en Concordia, la tecnología social busca transformar esta situación en la medida en que direcciona la producción científica y tecnológica en pos de los intereses y necesidades de los trabajadores, abriendo nuevas perspectivas de inserción socio-productiva. La misma se caracteriza por viabilizar redes de producción basadas en relaciones horizontales y democráticas que articulan un elenco diversificado de actores locales, impulsando procesos de valorización de saberes y prácticas populares y propulsando procesos a través de los cuales se generan sociabilización y co-construcción del conocimiento, redistribución de riqueza, y dinamización socio-productiva local.

PRESENTACIÓN DEL CASO DE ESTUDIO: Proyecto Concordia

Antecedentes de la Experiencia

La experiencia llevada a cabo actualmente en la ciudad de Concordia se encuentra relacionada con la generación de procesos relacionales participativos, basados en el fortalecimiento del perfil productivo local y la co-construcción de conocimiento, como producto de la acción de un colectivo de actores para el desarrollo de tecnologías sociales. El intento por poner en marcha procesos cuyo enfoque de resolución del problema sea co-construido, es parte de la búsqueda que viene realizando un equipo interdisciplinario de investigación, algunos autores del presente trabajo, hace alrededor de cinco años en una pequeña localidad llamada Villa Paranacito, a 295 kilómetros al sur de Concordia, en la misma Provincia de Entre Ríos.

En el período comprendido entre 2006 y 2009, se desarrolló en aquella localidad un proyecto de investigación cuyo objetivo giraba en torno al fortalecimiento del perfil productivo del lugar, la necesidad de vivienda y de trabajo, la gestión interactoral de los problemas comunitarios, a partir de la implementación de un Circuito Productivo Interactoral. En términos de proceso, se propuso la consolidación de una red interactoral donde participaron el municipio, la carpintería municipal, la escuela técnica, productores forestales de la región, aserraderos locales, las familias necesitadas y el equipo de investigación, antes mencionado, miembro de CONICET . En términos de producto, se desarrollaron componentes para vivienda de madera (casa partes), pudiendo constituir un sistema constructivo para vivienda en sí mismo o componentes adaptables para tecnología de vivienda tradicional dando respuestas a la demanda de vivienda nueva como de mejoramiento habitacional. Otro de los resultados, en términos de gestión, fue la obtención del Certificado de Aptitud Técnica (CAT) de la SSDUV de la Nación, el cual brinda al municipio la posibilidad de solicitar subsidios para satisfacer su propia demanda habitacional con recurso natural local y fortaleciendo emprendimientos productivos locales.

Cabe destacar que en una primera instancia, la dinámica de trabajo con los equipos técnicos locales proponía el desarrollo de capacitaciones para la transferencia de tecnología; sobre el transcurso del proyecto estas actividades de capacitación fueron reemplazadas por acciones de intercambio de saberes que permitieron la construcción participativa de la tecnología maderera.
La confianza construida a partir de la experiencia desarrollada en la localidad hizo que en el año 2010 el municipio de Concordia quisiera replicar dicha experiencia en su propia ciudad. Si bien el proyecto en Villa Paranacito planteaba un enfoque integral y sistémico frente a la compleja problemática del hábitat, hoy se puede decir que hay muchos aprendizajes a lo largo del proceso que promovieron un cambio frente a la formulación del proyecto en Concordia en lo que se refiere a los procesos de co-construcción del problema.

Experiencia Concordia: Ajustes en el Abordaje

La ciudad de Concordia tanto como Villa Paranacito se caracterizan, en términos productivos, por la relevancia que ocupa la actividad forestal, motivo por el cual, la diversificación en el uso de este recurso local es una característica que las vincula. Hasta el 2009 se trabajó en Villa Paranacito en el marco del desarrollo de un circuito productivo interactoral para la producción de componentes de viviendas con madera de álamo. Como se dijo anteriormente, la experiencia en Villa Paranacito despertó el interés del municipio de Concordia de instalar este tipo de procesos productivos integrales en su propia localidad.

Específicamente, Concordia presenta la mayor superficie forestada de Eucalipto en la provincia de Entre Ríos. Sobre esa producción se reconoce el uso ineficiente del recurso natural donde sólo el 45% del rollo se transforma en madera aserrada. El 55% restante son subproductos (aserrín, costaneros, corteza y refilados) orientados preferentemente a la producción industrial como la fabricación de tableros de aglomerados; paralelamente el material no aprovechado para estos fines es quemado a cielo abierto con su consecuente impacto negativo sobre el medio ambiente (Mastrandrea y Vergara, 2009). Por otra parte, en lo tecnológico-productivo, la falta de reconocimiento profundo y valorización de la producción no se traduce en actividades que generen suficiente valor agregado, ya que el producto se destina especialmente a tablas para encofrado, producción de pallets y cajones, para lo cual no se requiere de grandes cualidades técnicas del mismo . Finalmente, en los aspectos socio-económicos, la escasa posibilidad de emprendimientos productivos que utilicen los sub-productos, conlleva un destino monopolizado (tableros de aglomerados) que no genera suficiente distribución del capital en el sector productivo de la región, ya que esta industrialización supone un alto capital de inversión inicial que solo puede ser satisfecho por grandes empresas, constituyéndose en una o dos firmas propietarias de esta monopolización en la región.

A partir del reconocimiento de estas particularidades locales, el equipo de investigación y diversos miembros de la comunidad de Concordia se vincularon para la diversificación del uso del producto y los subproductos, principalmente orientados a la producción de vivienda, producción que se suma sinérgicamente a la demanda del déficit habitacional en la zona y la generación de trabajo para pequeños productores, distribuyendo renta.

La dinámica de trabajo en Concordia asumió desde el primer momento la consigna de generar acciones participativas, con el objetivo de integrar una serie de actores diferentes en el desarrollo de tecnología social. En ese escenario se articulan actores locales: la comunidad del barrio de Magnasco (conformada por 892 habitantes - INDEC, 2001), organismos públicos (Dirección de Vivienda y Subsecretaría de Producción), organizaciones de la sociedad civil (Cooperativa de Trabajo en Construcción, Asociación de Carpinteros), organizaciones presentes en la comunidad de Magnasco, actores del sector de Ciencia y Tecnología (INTA Concordia, Universidad Nacional de Quilmes, Universidad Tecnológica Nacional de Concordia y el equipo CIECS-CONICET) y organismos financiadores y administradores de Ciencia y Tecnología (Universidad Nacional de Entre Ríos, la Agencia de Ciencia y Tecnología de la Provincia de Entre Ríos, el Ministerio de Ciencia y Tecnología de la Nación en su línea Federal- COFECyT- de subsidios junto al Programa Consejo de la Demanda de Actores Sociales- PROCODAS).

La primera etapa, que se encuentra en marcha, consiste en la organización de la red interactoral del circuito socio-productivo, a través de la cual se pretende estructurar, junto a los actores locales, una red de relaciones que sustente el proceso productivo, mediante la integración de actores, socialización de saberes y definición participativa del problema-solución. Desde la perspectiva teórica del equipo, se considera que esta etapa es fundamental ya que es la que permite garantizar el proceso de co-construcción, mediante acciones tempranas de encuentros con los actores locales, buscando afianzar vínculos, reconociendo sus potencialidades y desarrollando estrategias a futuro.

De esta manera, el proyecto está desarrollando la tecnología social buscada, entendida como la sinergia entre proceso, producto y construcción política. La distinción de estos tres componentes no implica un orden cronológico lineal, mas permite identificar las dimensiones fundamentales del abordaje y su complementariedad. Como tecnología de proceso, se espera definir los roles y la dinámica interactoral a fin de afianzar el circuito socio-económico en pos de la autonomía local. Como tecnología de producto, el proyecto propone el diseño de componentes de madera para vivienda nueva o mejoramiento, con base en los acuerdos alcanzados, tomando las potencialidades que cada actor interviniente introduce desde su experiencia y saberes. La tercera dimensión, que permite darle continuidad a las otras dos dimensiones, es la construcción política, es decir, la institucionalización (a través de normativas o de organizaciones) del circuito y sus productos; en este aspecto es central el rol que juegan los actores para la gestión política tendiente a esta implementación.

CIERRE: CONSTRUYENDO EN CAMPO

Reflexiones que Provienen de la Praxis

Frente a un paradigma dominante de producción tecnológica y de conocimiento, que ignora las experiencias y los saberes desarrollados por fuera de los sistemas institucionalizados (autolegitimados) del sistema científico y tecnológico, la co-construcción de conocimiento para el desarrollo de tecnología social representa una alternativa epistemológica.

La producción intelectual es asumida entonces como la conformación compleja de saberes académicos y populares, tras la reconciliación de sectores puestos en valor a partir de sus saberes, idiosincrasias, deseos y necesidades. De esta manera se propone una dinámica de complementariedad de saberes evitando la reproducción de vinculaciones asimétricas entre el sector científico tecnológico y población en cuestión.

Se instala entonces la necesidad de nuevas formas de conocer y de interpretar donde la sabiduría popular se entrelaza con el saber formal, dando lugar a nuevos abordajes que se integren a la realidad con mayor compromiso y posibilidad de resolución adecuada al escenario problemático.

¿En qué consiste el modelo cognitivo diferenciado entonces? Aún no está confirmado y tampoco totalmente construido. Las experiencias que se han realizado permiten detectar un nuevo modo de comprender y construir el problema social y desde ese reconocimiento se pretende avanzar, en un intento por asumir la complejidad del escenario que se aborda, evitando las clásicas lecturas unidireccionales del mismo.

La tarea en adelante consiste en resolver las situaciones estereotipadas de cognición vigentes a partir del trabajo colectivo, la reflexión y la socialización de este nuevo pensamiento para esclarecer dialécticamente, a través de un proceso de interacción, la situación; hasta convertir este conflicto en una nueva resolución cognitiva que dé paso a formas de abordar los problemas bajo una perspectiva colectiva, democrática e incluyente (Peyloubet, 2011).

Lo que se sugiere en este marco es que se lleven a cabo procesos de producción donde la construcción de conocimiento sea de naturaleza endógena, reivindicando el conocimiento local, producto de saberes mixtos integrados, codificados y tácitos, con pleno control de dicho conocimiento por parte del colectivo social, rechazando el patrón lineal de saberes: "cajas negras", con la propiedad del conocimiento público, factible de ser modificado a partir de los deseos y necesidades del colectivo social en cuestión a favor de la calidad de vida del mismo (Peyloubet y otros, 2011).

El centro de la cuestión son los valores con que se engendran estos conocimientos. No es posible pensar una construcción de conocimiento que genere una realidad diferente a la actual sino se tiene en sus genes esta concepción. Los conocimientos no son neutros y tampoco determinan por sí mismos el desarrollo. No es posible pensar ya en esa clave. En este marco se propone que la investigación, como herramienta de transformación social, debe plantearse un horizonte político que guíe los procesos sociales, esto es, conocimiento (tecnológico y/o científico) co-construido, producido conscientemente para generar estrategias de emancipación social y un desarrollo económicamente solidario y equitativo, socialmente justo y ambientalmente incuestionable.

BIBLIOGRAFÍA

CORAGGIO, J.L. (2011): *Exposición en el 1º Foro hacía otra economía. 30 de Abril de 2011. Universidad Nacional de General Sarmiento. Buenos Aires. BUENOS AIRES, ARGENTINA.*

DAGNINO, R. y otros. *Tecnología social: ferramenta para construir outra sociedade. Campinas, Brasil: Editorial Kaco, 2010.*

DE MOURA VARANDA, A. P. y BOCAYUVA, C. P. C.: *Tecnología social, autogestao e economia solidária. Rio de Janeiro, Brasil: FASE, 2009.*

GOMEZ, J. L. *Estructuras de Madera. Taller de Investigación y Diseño Estructural, Facultad de Arquitectura, Urbanismo y Diseño, Universidad Nacional de Córdoba, s/f.*

INDEC, *datos 2001*

MASTRANDREA, C. y VERGARA, L. (2010). *Diagnóstico del sector de transformacion primaria de la madera en la region noreste de entre rios. INTA Concordia e INTA Colón.*

PEYLOUBET, P. (2011): *Democracia Cognitiva. Construcción, debate y operacionalización del pensamiento colectivo. Manuscrito Inédito.*

PEYLOUBET, P. y Otros (2011): *Co-construcción interactoral de conocimiento para el desarrollo de tecnología social: Experiencia Concordia. Ponencia presentada en IV Simpósio Nacional de Tecnologia e Sociedade: ciência e tecnologia construindo a igualdade na diversidade TECSOC 2011. Curitiba, Brasil. 2011.*

SANTOS, B. de S. *Una epistemología del sur: la reivindicación del conocimiento y la emancipación social. México: Siglo XXI. CLACSO, 2009.*

THOMAS, H. (2011a) Tecnología y Sociedad – parte 1. Material presentado en el marco del Curso de Sociología de la Tecnología, de la Maestría CTS. Universidad Nacional de Quilmes, Argentina.

THOMAS, H. (2011b) Tecnologías para la inclusión social y políticas públicas en América Latina. Ponencia presentada en el II Workshop Internacional sobre "Tecnologia Social e Políticas na América Latina" en el mes de junio de 2011. Universidad Estatal de Campinas (UNICAMP), Campinas, Brasil.

NOTAS

[1] Este artículo toma elementos de una exposición realizada en el *II Foro Saberes, Sabidurías e Imaginarios*, realizado en Córdoba, noviembre 2011.

[2] Reconocimiento del problema: ineficiente uso del recurso natural renovable (madera de álamo), déficit habitacional, baja demanda de trabajo para pequeños productores y escasa distribución de la renta.

[3] CONICET: Consejo Nacional de Investigaciones Científicas y Técnicas

[4] SSDUV: Subsecretaria de Desarrollo Urbano y Vivienda de la Nación. Actualmente la localidad de Villa Paranacito cuenta la certificación del CAT a partir del 2011. Dicha gestión fue resultado del trabajo conjunto entre los actores locales y el equipo de investigación de Conicet.

[5] Así mismo esta prática está penada por ley.

[6] El destino señalado de las tablas producidas en los aserraderos locales no requiere tratamiento de secado. Esto reviste un aspecto a tener en cuenta en el diseño de tecnología para la producción de vivienda ya que, en los aspectos estructurales, en el momento de la colocación del elemento en obra, se aconseja que su contenido de humedad se aproxime a la de equilibrio, la cual depende de la temperatura y humedad relativa ambiente. Para el caso de obras cubiertas y cerradas se sugiere considerar un contenido de humedad entre el 13 y 17% (Gomez, s/f).

Repensando Dinámicas de Transformación Social a Partir de Una Epistemia de Base Cognitiva Participativa[1]

Ortecho, Mariana; Fenoglio, Valeria; Cejas, Noelia; Peyloubet, Paula

INTRODUCCIÓN

La problemática del hábitat en Argentina es una clara manifestación de las tendencias mundiales, caracterizadas por el proceso de globalización de los mercados, la política de ajuste estructural y las políticas sociales focalizadas. Las consecuencias de dichas tendencias se reflejan en los procesos de producción del hábitat, y con mayor profundidad en el campo popular, con una intensa precarización de las condiciones de vida, producida por una profunda crisis socioeconómica de una buena parte de la población.

El crecimiento y la permanencia de dicha problemática ponen en evidencia la ineficacia de los actuales modelos de intervención para generar estrategias de transformación social. En este sentido, el presente trabajo tiene como objetivo reflexionar y cuestionar la base cognitiva con la que el Estado por un lado y el sector de Ciencia y Tecnología por otro intentan resolver la cuestión.

Por un lado, las estrategias utilizadas por el Estado para abordar el problema de hábitat suelen construirse a partir del concepto de déficit, restringiendo la solución a vivienda-artefacto e infraestructura-servicio, adoptando una política habitacional de tipo asistencialista y productora de obra pública. Por otro lado, desde CyT, se parte de construcciones problemáticas similares, en las que la carencia de vivienda es entendida como el elemento central. Las soluciones, entonces, se asocian con la necesidad de encontrar una respuesta tecnológica "apropiada", por lo que se producen artefactos, adhiriendo al concepto de transferencia tecnológica, en los que se interviene con tecnologías "stock" delineadas por una elite académica.

Por lo tanto, abordar la problemática del hábitat desde un enfoque centrado en las carencias constituye una visión reduccionista que se encuentra instalada en la construcción problema-solución tanto del Estado como del sector de CyT. En esta reducción epistemológica se recorta, con evidencia, el máximo potencial de resolución del problema, que es el saber de los actores protagonistas, el cual proviene de sus prácticas y experiencias.

En el presente trabajo, la noción de hábitat[2] se comprende como un elemento complejo, sistémico y democrático. Desde esta perspectiva resulta relevante poner en discusión la relación Hábitat, CyT, Sociedad y las producciones que surgen de ella. En este sentido, se intenta reflexionar sobre la actual base cognitiva con la que se construye esta problemática.

El artículo se estructura en cuatro partes. La primera gira en torno a cuestionar los abordajes epistémicos tradicionales que suponen valores e intereses implícitos en la producción de un conocimiento que se caracteriza por sostener el paradigma ofertista tecnológico, las transferencias de base lineal, la pretendida neutralidad científica, la emulación de modelos exógenos con escaso o nulo valor local y la tecnología manejada como caja negra. A partir de dicha situación, la segunda parte del trabajo intenta aportar enfoques vinculados con la socialización de los conocimientos, perspectivas transdisciplinares y tecnología social, considerándose este un abordaje cognitivo alternativo. La tercera parte presenta una experiencia, base empírica del artículo, en la que se manifiesta un recorrido desde enfoques epistémicos tradicionales hacia enfoques epistémicos alternativos. Por último, se exponen reflexiones finales.

REVISIÓN DE FUNDAMENTOS EPISTÉMICOS TRADICIONALES

Acerca de la naturaleza de lo científico y lo tecnológico

En distintos y recurrentes intentos por definir la naturaleza de sus identidades, la ciencia tanto como la tecnología han desarrollado definiciones sobre sus propios objetivos, metodologías y resultados, intentando encontrar rasgos diferenciales intrínsecos a uno y otro tipo de actividad.

Quizás resulte prudente reseñar, de modo sucinto, que ha sido la búsqueda de la verdad, entendida como la dilucidación de argumentos explicativos de todo fenómeno natural o social[3], el camino delineado por el quehacer científico, al menos en el recorrido realizado a lo largo de la tradición occidental de producción de conocimiento. La tecnología, por otra parte y de modo complementario, habría sido entendida entonces como la aplicación o el empleo de estos desarrollos científicos al diseño e implementación de procesos y productos específicos destinados a generar una transformación en el mundo "real", o dicho de modo más preciso: "factual".

A los fines de este trabajo entonces, se considera importante explicitar posicionamientos respecto de las significaciones atribuidas a una y otra expresión. En primer término, y sin entrar en disquisiciones ontológicas, se reconoce a la producción científica como aquella orientada a generar representaciones lógicas y abstractas de la porción manifiesta del mundo circundante e interior. En segundo término, se reconoce a la producción tecnológica como la mediadora del asentamiento del hombre en la realidad, suponiendo transformaciones tanto tangibles como intangibles del mundo material (Queraltó, 1997). De allí, se asume a la ciencia como vinculada con la generación de teoría y a la tecnología como la aplicación práctica que emplea estos desarrollos formales o conceptuales.

Ahora bien, aun a riesgo de exponer consideraciones ya bien maduradas en el campo de algunas áreas de conocimiento, y que puedan por tanto aparecer como señalamientos ingenuos, se prefiere aclarar aquí que al referir a "aplicaciones tecnológicas" no se alude de modo exclusivo a artefactos materiales, sino que se incluye en esta nominación a procesos de gestión u organización social que puedan utilizar elaboraciones provenientes de ramas de la ciencia como la antropología, la lingüística o la semiótica, entre otras, como lo presupone Latour (2005) en su perspectiva teórica de Actor-Red, reeditada en los ensambles sociales de la sociología de las asociaciones.

Valga decir entonces que todo proceso de producción habitacional incluye diversas aplicaciones tecnológicas. Atender solo el aspecto material, manifestado en el nivel de la vivienda y la infraestructura, implica restringir la mirada a lo perceptible por los sentidos, perdiendo la posibilidad de considerar todas aquellas otras aplicaciones, igualmente tecnológicas, que aun sin poder ser percibidas por dichos sentidos constituyen aspectos centrales y condicionantes de estos procesos, tales como las articulaciones entre actores, las vinculaciones y las controversias, las producciones de sentido sobre el hacer colectivo, el funcionamiento de grupos, la generación de confianzas y los consensos atribuibles a democráticas decisiones.

Más allá de las aclaraciones pertinentes para el campo del hábitat, es importante comprender el modo en que la Ciencia y la Tecnología han logrado establecer dominios diferenciados, pero sinérgicos, relativamente consensuados en el interior de las ciencias sociales y naturales[4] (Lander, 1992). Este razonamiento pretende señalar que, si bien es importante situar posicionamientos respecto de las acepciones atribuidas a una y otra expresión, es asimismo relevante recordar que desde determinado punto de vista estos recortes sémicos solo ocultan algunas de las vinculaciones esenciales que sostienen, contiguas y asociadas, estas dos maneras de generar conocimiento teórico y práctico. Este punto de vista esencialista de los procesos tecnológicos invita a reflexionar sobre los patrones de producción cognitiva, vinculados con diversas prácticas culturales e inseparables de los hábitos sociales que las sustentan.

Respecto a los legados positivistas y las tendencias materialistas

Las consideraciones denominadas hoy "tradicionales" pueden rastrearse en los pilares de la ciencia moderna europea, o dicho de un modo más preciso y justo:

"eurocéntrica". Las primeras grietas positivistas, nacidas probablemente en alguna vertiente del idealismo y el pragmatismo filosófico del siglo XIX, fueron ganando territorio en las arenas de la ciencia occidental hasta constituirse en posturas ontológico-epistemológicas de una contundencia hasta hoy irrebatible.

El poder de representación de la mente humana se asume actualmente como limitado, y por tanto sus producciones no pueden aspirar a una objetividad impecable que formule enunciados desvinculados de sus condiciones culturales de configuración, generalizables a otros universos diferentes de los que le dieron emergencia. Pero si la realidad solo puede ser percibida de modo parcial, el conocimiento debe entenderse como un conjunto de representaciones en permanente transformación; rasgo que lo vuelve "perfectible" a los ojos del post-positivismo, "localizable" a la mirada de las teorías críticas geopolíticas y "fragmentario" e incluso "errático" para el punto más extremo del posmodernismo.

Cada corriente teórica parece así haber encontrado su lógica argumental para atacar la ingenuidad positivista y encontrar un nuevo bastión desde el cual defender una ciencia que precisamente se erija como algo más que una práctica netamente instrumental. Sin embargo, aun habiendo recorrido estos caminos, muchas de las investigaciones actuales, en el campo de las problemáticas habitacionales, parecen no lograr librarse de una serie de hábitos heredados desde una tradición positivista que, tal como se mencionó anteriormente, privilegia la dimensión material así como su relevamiento cuantitativo al abordar problemáticas vinculadas con el complejo fenómeno de "habitar".[5]

Pareciera que el "materialismo" como corriente filosófica y como basamento ontológico del marxismo —considerando a este último como una de las corrientes más fuertes del pensamiento social del último siglo— sería el primer punto del cual muchas nuevas corrientes intentan alejarse.[6] La idea de que el elemento central, condicionante en el desarrollo de la vida social, sería nada más y nada menos que el sistema de producción y distribución ha contribuido a naturalizar una visión que privilegia la dimensión económica por sobre otros aspectos que organizan el andamiaje cultural civilizatorio occidental, dificultando otras facultades humanas que explican otras formas de conocer y saber.

En este sentido, se explica el privilegio de la razón por sobre otras facultades humanas que han sido relegadas, e incluso negadas, como componentes relevantes para considerar en la producción científica social, aunque su inclusión es inaplazable. La aspiración de objetividad, como pilar epistemológico, está en franca crisis y va siendo desplazada por posturas que intentan poner de manifiesto la dimensión subjetiva de la organización simbólica societal. Por tanto, hoy la ciencia está más cerca de aceptar que ningún sistema de producción delinea relaciones de dominación, sino que, por el contrario, son determinados patrones de relación, en una primera escala interpersonal, los que sostienen y promueven estas disposiciones que a otro nivel estructuran el andamiaje social.

En cuanto a las relaciones interactorales asimétricas

Tal como están planteados los abordajes tradicionales de desarrollo científico y tecnológico, se observa la reproducción de ese orden vertical, unidireccional, en las prácticas sociales que se desprenden de ellos. En tanto la base cognitiva de producción de conocimiento permanezca sectorizada, difícilmente se logrará superar el estado de desigualdad social que, aun con las mejores intenciones, no es factible de generar transformaciones dada la constante estructural: las relaciones asimétricas entre los actores implicados en la construcción del problema y de la solución del campo que se aborda.

El modelo que concibe este tipo de relaciones, en el que la definición del escenario problemático y su correspondiente resolución están definidos por los sectores hegemónicos, históricamente legitimados e instituidos, configura en el campo una red de relaciones que inhibe a algunos actores de introducir su propia mirada. Esta configuración asimétrica de las relaciones interactorales hunde sus raíces en dos supuestos, heredados del paradigma positivista, el cual plantea un vínculo que diferencia entre un sujeto cognoscente, el investigador, y un "objeto" por conocer, que muchas veces es, ni más ni menos, que otro sujeto o grupo de sujetos, tan social, histórica y culturalmente condicionado como el investigador (Vasilachis, 2007).

Otra de las herencias, también en el plano de lo teórico, que se desprende de la primera es el supuesto de racionalidad científica que propone la distinción entre el conocimiento científico y el conocimiento de sentido común o popular, estableciendo como legítimo al primero en detrimento del segundo (Santos, 2009). La diferenciación de tipos de saber no es intrínsecamente perniciosa, dado que la jerarquización de los conocimientos es una acción inherente a toda práctica social; en tal caso, lo nocivo de esta diferenciación es la categorización superlativa del saber científico, siempre superior al conocimiento popular; ipso facto son puestos en comparación (Santos, 2009).

En un plano empírico social, la institucionalización de este estado de cosas provoca la aceptación e interiorización de esa asignación de roles y jerarquías, que se hace manifiesta en la objetividad de las estructuras sociales que rigen las prácticas y en la subjetividad de las estructuras mentales de quienes se ven sumidos en ellas (Teberoski, 1996). De esta manera, la relación asimétrica se traduce en una relación que acepta la dualidad dominio/dependencia, la cual, una vez internalizada, puede ser un obstáculo al momento de pensar en nuevas formas, más participativas, respetuosas de saberes diversos, en la resolución de problemáticas que históricamente habían sido acotadas, restringidas, definidas y abordadas por el conocimiento técnico de "los que saben".

Habiendo señalado esto, cabe reflexionar en torno a las verdaderas posibilidades que proporcionan el actual modelo de desarrollo y su correspondiente base cognitiva a fin de producir una transformación social. ¿Cómo generar inclusión social sin inclusión epistemológica? Es decir, si se pretende generar nuevos abordajes, que permitan el desarrollo de prácticas sociales inclusivas, es esencial la búsqueda de estrategias de producción de conocimiento que garanticen la participación de los grupos sociales involucrados en esto que se busca resolver (Santos, 2009), particularmente para la temática que nos convoca, la búsqueda de soluciones habitacionales debiera contemplar estrategias que tiendan a horizontalizar las relaciones, en dos sentidos: asumir la transdisciplinariedad en la complejidad del campo de la producción social del hábitat y, especialmente, integrar en la definición del abordaje a los protagonistas de la situación que se intenta resolver, con sus saberes y sus experiencias, no solo desde sus carencias.

Respecto al determinismo tecnológico

En la actualidad los procesos de construcción de conocimiento, en las instituciones de CyT públicas, son desarrollados en la mayoría de los casos por actores participantes sin reconocer lo que la neutralidad científica y el determinismo tecnológico presuponen (Dagnino, R. 2008).

Cuando hacemos referencia a una tecnología y por consiguiente tendemos a definirla, suele representarse imaginariamente la idea de un artefacto, en tanto aparato aislado medido por su grado de eficiencia. Es decir, existe una tendencia a comprender la tecnología de un modo artefactual y de separar dichos productos tecnológicos de su contexto social, político y cultural. Este intento de separar la tecnología de la sociedad nos coloca en determinismos no deseados. Desde una visión crítica, Feenberg (1991) argumenta que el determinismo tecnológico se apoya en el supuesto de que las tecnologías tienen una lógica funcional autónoma que puede ser explicada sin referencia a la sociedad. Siguiendo también una línea crítica, Dagnino (2007) señala que la visión de la tecnología actual es determinista, siendo además autónoma y neutral, destacando el hecho de que la Ciencia y la Tecnología son condicionadas por valores desde su producción y que por lo tanto es un equívoco creer que, mediante determinados posicionamientos éticos, esa tecnología va a ser utilizada para el "bien" o el "mal". Esta condición confiere, por lo tanto, a los desarrollos de tecno-ciencia características específicas que reproducen un único modelo de desarrollo, promovido desde y para países ricos, que finalmente inhiben una verdadera transformación social.

Según Thomas (2009) las tecnologías son construcciones sociales tanto como las sociedades son construcciones tecnológicas. Desde esta perspectiva teórica, enfoque sociotécnico, resulta prioritario abordar la problemática habitacional superando y rechazando todo tipo de determinismos para dar lugar a una especie de entramado donde lo tecnológico no determina lo social y lo social no determina lo tecnológico. También resulta relevante generar un cambio radical en la concepción básica de la tecnología, rechazando el determinismo e incorporando nuevos valores que promuevan espacios democráticos en decisiones tecnológicas, como así también procesos inclusivos y solidarios.

Una postura radicalmente opuesta al determinismo tecnológico es el concepto de adecuación sociotécnica (Dagnino, 2007), que plantea la idea de establecer valores alternativos a priori en la producción de la Tecnología. "La adecuación socio-técnica hace referencia a un proceso que busca promover adecuación de conocimiento científico-tecnológico —incorporado en equipamientos, insumos, formas de organización de la producción o inclusive en forma intangible o tácita— no solo a los requisitos y finalidades de carácter técnico y económico, sino al conjunto de aspectos de naturaleza socioeconómica y ambiental vinculados con la participación democrática en el proceso de trabajo, la atención al ambiente, a la salud de los trabajadores y consumidores, y a su capacitación autogestionaria" (Dagnino et ál. 2004: 52).

En este sentido, abordar la problemática del hábitat desde esta perspectiva teórica implica generar procesos diferenciados en la construcción del problema. El uso de tecnologías sociotécnicamente adecuadas promueve la construcción de conocimiento de naturaleza endógena, reivindicando el conocimiento local y la promoción de procesos vinculados con la participación democrática de todos los actores involucrados en la resolución del problema. Por lo tanto, resulta prioritario reorientar la producción de hábitat hacia el uso de tecnologías que superen las contradicciones y restricciones del abordaje determinista.

Sobre el conocimiento neutral

Este apartado surge de un postulado concreto: el conocimiento no es neutral. Si bien cierta postura epistemológica puede construir para sí criterios de objetividad, estos derivan de juicios ético-políticos arbitrarios, intencionales, preexistentes a la construcción de conocimientos. Surgen de una construcción de la realidad y de un posicionamiento en ella expresando una edificación de pensamientos, saberes articulados, que no pueden ser neutrales (Santos, 2009). De modo que las visiones hegemónicas positivistas, que luego se traducen en decisiones que condicionan las prácticas sociales, proponen un tipo de desarrollo que involucra a toda la sociedad, pero que no necesariamente se traduce en una mejora para todos sus miembros.

Pensar que los escenarios de CYT son neutrales es ingenuo, ya que esos escenarios y sus actores también están atravesados por condiciones históricas, políticas, económicas, etcétera, que propician y en algún sentido determinan el avance del conocimiento en un sentido y no en otro. Por ello, resulta interesante reflexionar en torno a los valores puestos explícita o implícitamente en juego. Este gesto implica una doble mirada, tanto de los condicionamientos que existen en el campo CyT tal cual está dado, como también los compromisos que asume o debe asumir en el vasto campo sociohabitacional.

Desde este punto de vista, es imposible pensar que el desarrollo tecnológico para el hábitat se traducirá inexorablemente en bienestar social (Dagnino 2003). Basta con echar una mirada cualitativa, antes que cuantitativa, sobre los efectos de ese tipo de desarrollo para reconocer que es indispensable plantear nuevos modos de conocer y hacer, que superen las posturas que aún defienden la neutralidad de la ciencia o el determinismo tecnológico, para lo cual es necesario desarrollar una nueva base cognitiva. Los esbozos de pensamiento en torno a ese esfuerzo propuestos por este equipo serán expuestos en el apartado contiguo, pero vale decir aquí que esa nueva lógica de producción de conocimiento debe proponer puentes que unan miradas y saberes diversos, reconociendo la no neutralidad, asumiendo la intersubjetividad e incorporando la pluralidad de cosmovisiones (saberes, idiosincrasias, deseos y necesidades) de los diversos actores que entran en este nuevo juego.

Así, la producción de conocimiento debería contemplar saberes académicos y saberes populares, en una construcción colectiva, tendiente a la inclusión social en el marco de la transformación de modelos cognitivos que propicien la transformación social en el escenario problemático que se pretende abordar. Del mismo modo, es necesario diluir las fronteras disciplinares que limitan esos escenarios complejos, múltiplemente atravesados, con reduccionismos que los hacen "manejables" en la profundidad del campo académico mas no en el campo empírico. Es decir, comenzar por hacer transversal, a todos los campos, los valores sociales podría ser solo un comienzo. La tendencia sería asumir esta estructura con todos los campos disciplinares, la transdisciplina como mirada complementaria, tal cual se expresa en líneas anteriores.

CONSIDERACIONES PROPOSITIVAS ALTERNATIVAS

Desde miradas integrales y transdisciplinares

La complejidad, como noción y rasgo constitutivo de "lo real", ya ha sido amplia y sólidamente fundamentada por reconocidos y numerosos teóricos (Prigogine, 1994; Morin, 2004). Los argumentos más prominentes probablemente puedan encontrarse en la obra de Morin y particularmente en sus reflexiones en torno a las posibilidades contemporáneas de construcción de un paradigma epistémico lo suficientemente dinámico y flexible como para escapar de las trampas de la razón que suponen simplificaciones, reducciones y disyunciones, características sobre las que se sostuvieron muchos de los grandes descubrimientos en el campo de las ciencias naturales, y que hoy son repensadas tanto para las ciencias sociales, campo que nos ocupa en este artículo, como para las propias ciencias naturales (Stengers 2002).

Dentro de las múltiples características reduccionistas del patrón de construcción de conocimiento moderno, una de las más difíciles de superar, probablemente esté asociada con la cuestión de la compartimentación disciplinar que, habiéndose generado en el interior de la institución académica en tanto segmentación de áreas de conocimiento, ha rebasado los límites de este campo para constituirse en una matriz de comprensión y representación de todo aquello que se manifiesta a nuestra percepción. Considerar, por ejemplo, cualquier fenómeno social vinculado con procesos habitacionales puede albergar una serie de miradas que, desde ciertas especialidades, observen con detenimiento aspectos productivos, técnico-constructivos u organizacionales, pero lo que no debiera permitirse pasar por alto es construir un punto de vista que ponga en relación estos elementos en el interior de un marco más amplio que aborde la cuestión simbólico-cultural en la que todos estos "productos" y "procesos" tienen lugar.

Asimismo una mirada con voluntad genuinamente holística encontraría conveniente vincular dos niveles fundamentales de lectura. Se trataría de combinar representaciones explicativas de orden macroestructural con un abordaje cualitativo que desde una mirada micro y local arroje elementos sobre las capacidades de agencia efectiva de los protagonistas de los procesos estudiados. Comprender la dinámica compleja que sostiene el juego de acciones y reacciones entre lo micro y macrosocial es sin duda un desafío teórico y metodológico que recién comienza hoy a asumirse. Contribuir a la emergencia de un nuevo modelo cognitivo y epistémico probablemente requiera la inclusión de estas lógicas circulares y recursivas que encuentren, más allá de las estériles miradas disciplinares, la vinculación entre las macroconfiguraciones políticosociales y aquellos elementos particulares vinculados con la subjetividad de todos aquellos varones y mujeres, que finalmente son quienes "animan" los procesos estudiados.

Lo que comporta el conocimiento socializado

En el marco de aportar a la construcción de una base cognitiva diferente, epistemológicamente participativa y metodológicamente dinamizadora de procesos, se considera fundamental la co-construcción de conocimiento, alimentada por las miradas de los diversos actores que están presentes en el campo problemático que se aborda, que para el caso puede tratarse de la producción social de hábitat, pero no se aplica de manera exclusiva (aunque ese es el campo empírico desde el que se producen estas reflexiones). Se sostiene que el conocimiento socializado involucra algunas interpelaciones a la ponderación hegemónica del saber científico sobre el saber popular, consuetudinario, ancestral, a razón de que la riqueza que todos estos saberes acumulan pueda aportar a la definición del binomio problema-solución de manera más compleja. En ese sentido, este campo de abordaje brinda elementos primarios para pensar y desarrollar estrategias de acción tendientes a la integración en una acepción profunda, que invita a hacer partícipes a los miembros de las comunidades con las que se trabaja, afianzando vínculos a fin de desarrollar soluciones habitacionales incluyentes, responsables, respetuosas de la diversidad, con conciencia ambiental e integradoras del saber popular.

La "distribución equitativa del conocimiento" o "democratización del saber" no es suficiente, si por ello se entiende la divulgación del saber científico, pero por sobre todo no es posible en los términos que hoy traza la racionalidad científica (Santos 2009). En su lugar, se propone reconocer el valor en otros saberes, de la mirada de otros actores, evitando reproducir en ese reconocimiento las relaciones verticales dominantes; se trata de dinamizar el acercamiento, la puesta en diálogo de formas de saber no-científicas en igualdad con las científicas. Esto no implica desacreditar el saber científico, sino provocar miradas más complejas resultantes de la asociación entre diversos saberes.

El reto es mucho más que teórico-epistemológico, en todo caso ocupa un lugar preponderante el desarrollo de metodologías que dinamicen estos procesos, que permitan la construcción de puentes entre actores que históricamente han sido acallados en el autismo legitimador de algunos sectores de la comunidad científica, propensa a los modelos positivistas de producción de conocimiento. Así visto, en un plano teórico, se aborda "lo epistemológico" como proceso interactoral, entendido como construcción colectiva de conocimiento, que procura integrar en un plano de "igualdad de oportunidades" a diversos tipos de conocimiento en torno a un problema específico, puestos a dialogar en su configuración, siendo capaces de producir nuevos cuestionamientos provenientes de la experiencia empírica y sus contextos de extrema necesidad. En un plano social, se plantea la inclusión como consigna que está presente desde la génesis del proceso, es decir, no se busca descubrir la panacea que resuelva de una vez y para siempre la desigualdad social, sino de lograr la participación en la búsqueda de soluciones por parte de los actores implicados, en una problemática que presenta cualidades específicas, en un escenario específico y con resultados que serán legítimos en tanto den respuesta en un escenario local.

Está claro que lo expuesto con este título no es más que un esbozo de lo que se considera relevante de pensar en un esfuerzo que procura la transformación social desde una mirada inclusiva, y seguramente deja por fuera una serie de elementos, justamente por tratarse de un pensamiento embrionario. Si bien las precisiones del modelo cognitivo alternativo aún son tenues, se tiene la certeza de que es necesario introducir transformaciones al modelo actual de producción de conocimiento científico y de desarrollo tecnológico, que tienda puentes hacia la mirada de otros actores, buscando la maximización de aportes a la construcción de "otro mundo posible".[7]

Pensando desde la tecnología social

Abordar la problemática del hábitat desde un enfoque centrado en las carencias, utilizando herramientas exógenas de intervención, sin la participación de los usuarios en la resolución y tomas de decisiones, constituye una visión reduccionista en la relación problema-solución. Según Peyloubet (2010) a partir de esta visión se elabora la solución, con un modelo de oferta-demanda que supone una necesidad y un satisfactor, un emisor y un receptor. Este proceso supone una concepción y construcción del conocimiento, materializado a través de una tecnología, por ejemplo una vivienda, que es transferida como solución técnica al problema. En este sentido, el diseño e implementación de resoluciones a la problemática del hábitat son llevados a cabo desde ese paradigma tecnológico que es la transferencia. Esta concepción se encuentra instalada en el abordaje inicial de construcción del problema-solución de las Tecnologías Convencionales[8] y también en aquellas que surgieron para dar respuestas a los problemas sociales como las Tecnologías Apropiadas[9], Intermedias, etc.

Este modo de abordar la problemática del hábitat, caracterizado por una transferencia tecnológica, que ignora el conocimiento preexistente y las potencialidades locales, es lo que se intenta transformar desde la perspectiva teórica de las Tecnologías Sociales. Dichas tecnologías concebidas a partir de la adecuación sociotécnica intentan participar activamente en procesos de cambio sociopolítico, socioeconómico y sociocultural, como así sustentar procesos de democratización (Thomas, 2009).

Por lo tanto, los abordajes en CyT para innovar en hábitat deben reconsiderar la base cognitiva existente fundada en epistemias reduccionistas, cuestionando: el paradigma ofertista tecnológico, las transferencias de base lineal, los desarrollos "sin valores" en su concepción, la emulación de modelos exógenos de alto valor global y escaso o nulo valor local, la formulación de respuestas mágicas —cajas negras— que segregan grupos relevantes en complejos decisorios. Es posible reorientar esta producción de hábitat, en el sentido que se viene diciendo, utilizando como herramienta la Tecnología Social[10], entendida también como una manera pública de acceder a bienes y servicios a partir de la producción de bienes comunes.

Partiendo de la necesidad de generar procesos habitacionales inclusivos, consideramos que abordar la problemática social del hábitat desde esta perspectiva teórica contribuye a generar un enfoque alternativo para el diseño e implementación de estos procesos habitacionales a partir del uso de tecnologías adecuadas sociotécnicamente.

REFLEXIONES

El presente artículo ha pretendido reflexionar sobre ciertas cuestiones inherentes a la necesidad de repensar los actuales abordajes, desde una perspectiva general de CyT, en el marco de la cual se ubican las indagaciones en torno a la problemática de hábitat. La base cognitiva actual con que se comprende e intenta resolver el problema referido a hábitat, entendido desde un enfoque complejo en el que intervienen múltiples aspectos interrelacionados sinérgicamente, requiere necesariamente de una revisión epistémica.

Durante los últimos 50 años el concepto relacionado con el hábitat ha evolucionado desde una definición material, en los inicios representada por "necesidad de vivienda", pasando por una visión más compleja que sumó aspectos económicos, sociales, culturales, ambientales, etc., recalando en la actualidad en interesantes acercamientos a perspectivas políticas de derechos y reivindicaciones humanas. La clave para comprender la posición argumental de este artículo es reconocer que, en el campo del hábitat, los postulados conceptuales que definen el objeto de estudio han evolucionado dinámicamente en el tiempo, tal como se expresa en el párrafo anterior, mientras que los abordajes epistemológicos han presentado transformaciones más lentas.

Se asume en este trabajo una posición crítica respecto de la mirada convencional del conocimiento construido para resolver problemas de hábitat, ya que suele reducirse a aspectos tecnológicos, expresados en el déficit material o productivo, sin considerar los procesos en su complejidad, los cuales solo pueden ser comprendidos en términos transdisciplinares desde su génesis. Tampoco se ha renovado la tradición elitista que confiere a la academia el rol de experto para solucionar los problemas. En esta condición, la naturaleza de las resoluciones en el campo del hábitat tiende a ignorar saberes no académicos, tácitos y no codificados, perdiendo la oportunidad de poner en juego la creatividad resolutiva de la sabiduría popular. En este sentido, el trabajo pretendió aportar sobre la cuestión de la problematización de la situación. Tal como se comprenda el problema, que trasciende al hábitat, es como se construirán las soluciones. Lo que se está diciendo en estos dos últimos párrafos busca rescatar la necesidad de repensar colectivamente el problema en su compleja manifestación, como expresión integrada de la sociedad, reivindicando las voces en su diversidad. Todos construimos el problema, luego todos solucionamos el problema.

Los valores que subyacen en las investigaciones referidas a hábitat suelen relacionarse con componentes deterministas y neutrales, fuertemente condicionados por la visión positivista, históricamente construidos sobre argumentos atentos a la dimensión material y orientados a la búsqueda de "la verdad". La posición que nos reúne a lo largo del artículo afianza la idea de que la CyT, asumidas como instrumentos del hacer humano, colaboran con el reconocimiento de la realidad y procuran aportar conocimientos a un colectivo de saberes, que se entienden múltiples y diversos. Para ello a lo largo del trabajo se posiciona y se adhiere a una teoría crítica que reconoce y reclama los límites de las soluciones a partir de los enfoques de base epistemológica simplificadora, disyuntora y reduccionista.

Los postulados que pueden arrojar luz sobre la base cognitiva de los abordajes investigativos, que envuelve algunos cambios en la tradición CyT, podrían ser: a) que la construcción del problema condiciona la solución; b) que los saberes mixtos reivindican los acervos culturales y el stock de conocimientos, codificados o tácitos, de que se dispone para la solución de los problemas; c) que las construcciones colectivas son potencialmente más posibilitantes que las construcciones sectorizadas y elitistas, constituyendo una co-construcción democrática de dominio público; d) que las soluciones no son universales ni constituyen verdades atemporales, sino producciones ancladas en tiempos y espacios específicos; e) que la base cognitiva es el instrumento disponible con que se piensan los problemas y se construyen las soluciones, por lo que debe estar en continua revisión aceptando que pueden mutar en función de las ideologías imperantes, por lo cual constituye un desafío repensarla sobre la base de modelos de desarrollo inclusores.

BIBLIOGRAFÍA

DAGNINO, R. (2003). *"Ciencia y tecnología para pocos". Revista Eletronica Divulgon. Diciembre. Disponible en http://www.divulgon.com.ar/diciembre03/cys-dic03.html.*

DAGNINO, R. (2004) *A tecnología social e seus desafios. Tecnología Social. Uma estrategia para o desenvolvimento. CIP Brasil. Rio de Janeiro.*

DAGNINO, R. (2007). *"Empezando por la extensión universitaria". Ponencia publicada en Ciencia y Tecnología para el Hábitat Popular. Desarrollo tecnológico alternativo para la producción social del hábitat". Córdoba, Argentina.*

DAGNINO, R. (2008) *Neutralidad da ciencia e determinismo tecnológico. Editora UNICAMP. Campina Grande. Brasil.*

FEENBERG, A. (1991) *Critical theory of technology. New York, Oxford. University Press.*

LANDER, E. (1992) *La ciencia y la tecnología como asuntos políticos. Editorial Nueva Sociedad. Caracas, Venezuela.*

LANDER, E. (2005). *"Marxismo, eurocentrismo y colonialismo", en La teoría marxista hoy. Atilio Borón (comp.). CLACSO. Buenos Aires, Argentina.*

LATOUR, B. (2008) *Reensamblar lo social. Una introducción a la teoría del actor red. Ed. Manatial. Buenos Aires, Argentina.*

MORIN, E. (2004) *El paradigma de la complejidad. Introducción al pensamiento complejo. Gedisa. Barcelona, España.*

QUERALTÓ, R. (1993) *Mundo, Tecnología y Razón en el fin de la modernidad. ¿Hacia el hombre more técnico? Ed. PPU. SA. Barcelona, España.*

PEYLOUBET, P. *et ál.* (2010). *"Modelo cognoscente que re-signifique el binomio problema-solución. Perspectiva perceptiva y metodológica". Ponencia presentada en Esocite 2010. VIII Jornadas Latinoamericanas de Estudios Sociales de la Ciencia y Tecnología. Ciencia y Tecnología para la inclusión Social. Buenos Aires, Argentina.*

PRIGOGINE, I. y STENGERS, I. (1983) *La nueva alianza. Alianza Editorial. Madrid, España.*

SANTOS, B. de S. (2009) *Una epistemología del sur: la reivindicación del conocimiento y la emancipación social. Siglo XXI. CLACSO, México.*

STENGERS, I. (2002) *Penser avec Whitehead: une libre et sauvage céation de concepts. Gallimard. Paris, Francia.*

TEBEROSKI, A. (1996). *"Co-constructivismo y relaciones asimétricas". En: Anuario de Psicología, pp. 83-87. Universidad de Barcelona, España.*

THOMAS, H. (2009). *"De las tecnologías apropiadas a las tecnologías sociales. Conceptos / Estrategias / Diseños / Acciones". Ponencia presentada al IV Seminario Iberoamericano de Ciencia y Tecnología organizado por el Centro Experimental de la Vivienda Económica del 23 al 25 de septiembre de 2009 en la Ciudad de Córdoba, Argentina.*

VASILACHIS de Gialdino, I. (dir.). (2007) *Estrategias de Investigación Cualitativa. Editorial Gedisa. Buenos Aires, Argentina.*

NOTAS

[1] El presente capítulo recupera gran parte de la elaboración de los textos publicados en el artículo "Hacia una revisión epistémica de la producción científico-tecnológica en torno a procesos inclusivos de transformación social" publicado en la Revista Cuaderno Urbano N°12.

[2] Se entiende que el concepto de "Hábitat" es complejo por la múltiple convergencia de campos disciplinares y abordajes; sistémico por engendrar un red sinérgica de elementos constitutivos que poseen dependencia mutua y afectación colectiva. Por último, democrático, por entenderse plenamente participativo, superando las instancias de información, para involucrarse en instancias decisorias, vinculantes, en actos de empoderamiento sectoriales representativos (PEYLOUBET, 2010).

[3] La diferenciación entre 'natural' y 'social' no se usa aquí de modo disyuntivo excluyente. Solo se menciona de modo disgregado a los fines de dar a entender, mediante la representación tradicional, que se quiere aludir a todo aquello que se manifiesta a la percepción.

[4] Edgardo Lander (1992:14) señala certeramente que 'ciencia' y 'tecnología' se dispusieron en la cultura occidental como 'normativas' orientadas al control eficiente de la naturaleza y la sociedad separadas de todo valor ético, moral o político que no tuviera por finalidad el control de la 'realidad'.

[5] Es interesante incluso notar que a pesar de que el uso de un término como 'hábitat' debiera incluir una mirada ampliada respecto de los componentes culturales, persiste fuertemente la mirada que restringe por una parte esta noción a 'vivienda', como conjunto de artefactos materiales y por otra parte a organización social, en tanto dimensión vinculada con la capacidad de gestión.

[6] Edgardo Lander (2005) ha explicado con detenimiento las afluencias teóricas que nutrieron la formulación de la obra marxista, señalando cómo y por qué puede considerarse eurocentrista.

[7] Proclama emblemática del Foro Social Mundial, encuentro anual que se celebra desde el año 2002, en el cual diversas organizaciones de la sociedad civil se declaran *"en contra de la hegemonía del capital, la destrucción de nuestras culturas, la degradación la naturaleza y el deterioro de la calidad de vida por las corporaciones transnacionales y las políticas antidemocráticas"*. Se trata de una mirada que compartimos y tras la cual se alinea este artículo.

[8] Tecnologías Convencionales (TC): tecnología de lógica empresarial sojuzgada al modelo de desarrollo vigente de mercado libre y capitalismo, sobre las cuales se asienta, a manera de antítesis, la postura de la Tecnología Social, en oposición y concebida como alternativa (Peyloubet, 2008).

[9] *"Tecnologías Apropiadas: conjunto de técnicas de producción que utiliza de manera óptima los recursos disponibles de cierta sociedad maximizando así su bienestar"*. (Dagnino, 1976, p. 86. Tecnología apropiada: ¿una alternativa? Citado en Peyloubet, 2008.)

[10] Se entiende por Tecnología Social, aun siendo un concepto en construcción, a *"los productos,*

técnicas y/o metodologías replicables desarrolladas en la interacción con la comunidad y que representan efectivas soluciones de transformación social" (Dagnino, 2004:33).

Reflexionando en Torno a la Producción de Conocimiento Como Proceso Inter-Actoral: Co-Construyendo una Perspectiva Alternativa[1]

Ortecho, Mariana; Pasquale, Florencia; Barrionuevo, Laura; Peyloubet, Paula

INTRODUCCIÓN

El presente artículo pretende revisar críticamente los procesos a partir de los cuales se generan conocimientos en el desarrollo de la sociedad capitalista. Las ideas desarrolladas a lo largo del trabajo despiertan del reconocimiento sobre la debilidad de las intervenciones científicas y tecnológicas en escenarios de transformación y construcción social.

Para ello se parte de la consideración de un conjunto de rasgos epistémicos característicos del modelo científico tradicional que, como se explicará, operan y conducen la dinámica de relación desplegada en los procesos convencionales de producción de conocimiento. Puntualmente se intenta abordar la distancia que se evidencia entre las producciones de conocimiento reconocidas y legitimadas por la academia, y las producidas socialmente por otros actores. Abstrayéndose de las interesantes discusiones actuales en torno al aporte que desde las diferentes disciplinas se pueden realizar en los procesos de emancipación social; se hondará en la búsqueda de rasgos epistémicos que pudiesen configurar una producción diferenciada de conocimiento. Posicionamientos como el que privilegiamos son abordados por Boaventura de Sousa Santos y Mignolo, por contribuir en la conformación de un enfoque amplio e integral en relación a la temática planteada.

Las reflexiones aquí expresadas se vinculan en gran medida a un trabajo de indagación, teórica y empírica, enmarcado en un proyecto de investigación, financiado por el Ministerio de Ciencia y Tecnología de la Provincia de Córdoba y desarrollado en el asentamiento Villa La Tela, ubicado en la capital de la misma provincia.

El recorrido del trabajo se da inicio, en un primer momento, en una particular caracterización del capitalismo, intentado exceder sus repercusiones en las dimensiones política y económica. Luego, en una segunda instancia, ofrecer una lectura crítica de las prácticas científico-tecnológicas contemporáneas.

Estos dos primeros ejes conducen a un tercer apartado donde se realizará una revisión de los desafíos epistémicos vigentes a fin de contribuir en la búsqueda de alternativas tendientes a superar las limitaciones que presenta el modelo hegemónico de producción de conocimiento.

Como estrategia de construcción textual se ha intentado desplazar cada uno de los nudos de sentido, trabajado en los tres momentos descriptos, al caso 'La Tela' como un modo de promover el 'diálogo' entre la abstracción de los conceptos teóricos vertidos en estas reflexiones y la reflexión que emerge del trabajo desarrollado 'en campo'.

EL CAPITALISMO

El capitalismo como matriz relacional civilizatoria

Las miradas convencionales han entendido siempre al capitalismo como un sistema económico. La idea de que el orden social se ha dispuesto a partir de los modos de producción y distribución de recursos, atravesados por la noción de propiedad privada, se impuso desde hace algún tiempo como dominante. Impidiendo pensar en elementos sustanciales de este sistema que, lejos de ser estrictamente económico, se manifiestan en la configuración cultural y social.

Cualquier investigación social que toma por objeto algún fenómeno o aspecto de la vida contemporánea suele, casi obligadamente, hacer alusión al 'capitalismo' en tanto marco contextual sobre el cual se inscribe aquel fragmento de la vida social puesto en consideración.

Ahora bien, las descripciones más frecuentes centran su atención en intentar comprender y explicar al capitalismo, como régimen de escala estructural, dejando en segundo plano el soporte simbólico que lo sustenta, que es precisamente el que lo explica. Las elaboraciones desarrolladas desde lo que se denomina el Proyecto Decolonial (Mignolo, 2007) han aportado en este sentido numerosos y riquísimos análisis en torno a la comprensión del capitalismo desde sus periferias.

En primer término, esta línea de indagación ha denunciado lúcidamente el gesto repetido y eurocentrista de las ciencias sociales en explicar al capitalismo y la modernidad como un momento, un estadio o rasgo de parte del continente europeo que luego se habría propagado al resto del mundo.

Bajo esta perspectiva, el capitalismo es mucho más que un modo de organización política o una estructura económica, aún con sus correlatos en términos ideológicos. Desde este punto de vista, el capitalismo es ante todo un modo de "ser en relación".

El Proyecto Decolonial ha analizado con detenimiento el modo en que, a partir del establecimiento de la relación centro/periferia - dispuesta entre Europa por una parte y Asia, África, y fundamentalmente América por otra - se impuso un proceso de subalternización geopolítica, racial, cultural y epistémica (Walsh, 2007).

La alteridad epistémica ha sido asociada a una condición degradante que más allá de sus efectos directos, de discriminación y subalternización múltiples, marcó un modo de 'construir alteridad' que desde luego fue replicado a otras áreas y órdenes sociales, impregnando la manera de percibir y representar a todo aquello valorado como 'otro'.

Capitalismo y configuraciones espaciales

Dichas matrices de relación de algún modo se instituyeron como patrones de construcción, no sólo de espacios simbólicos sino también físicos, configurando, entre otros, los espacios urbanos. De este modo, los espacios públicos también aparecen en la mayoría de las ciudades de occidente como ámbitos de desigualdad. Esto se explicita también para las personas que habitan en escenarios urbanos, reflejando una polarización de zonas, que física y virtualmente, otorgan de modo diferenciado a una parte privilegiada de sus habitantes el acceso a los bienes materiales y culturales necesarios para definirlos como sujetos de derecho.

Las ciudades, no podrían considerarse 'capitalistas' sólo por sus múltiples, intensas y hasta violentas prácticas de consumo. Tampoco sería suficiente explicar su entramado de inequidades por las diferentes posibilidades de acceso a los recursos económicos producidos dentro de estos espacios. Pero estas diversas perspectivas pueden ser complementadas mediante la inclusión del enfoque propuesto por los estudios del Proyecto Decolonial. Se trataría de imaginar el espacio urbano como ese tejido virtual y factual que sitúa diversas relaciones de dominación, no sólo entre quiénes tienen acceso a los recursos materiales y simbólicos citadinos y quienes no, sino entre quiénes pueden cambiar las reglas de juego que permiten dichos accesos y quiénes no poseen esta posibilidad de hacerlo.

La colonialidad es, en tanto parte indisociable de la modernidad y los procesos de modernización, un dispositivo de poder que sigue aún hoy reproduciéndose en las vinculaciones inter-sectoriales, performando las relaciones sociales.

La presencia actual, en cualquier ciudad latinoamericana, de aquellas franjas habitacionales denominadas 'asentamientos informales' o 'cordones de pobreza' da buena cuenta de los rasgos capitalistas que aquí se propone considerar, no sólo por sus aspectos materiales – que suelen ser leídos en términos de precariedad y déficit-, sino fundamentalmente por las relaciones que genera respecto de otros sectores.

Villa La Tela. ¿Periferia de la periferia?

En tanto uno de los más importantes asentamientos espontáneos de Córdoba-Argentina, Villa La Tela se ha constituido de modo desarticulado y gradual por algo más de 500 familias provenientes de diferentes zonas de la ciudad, provincias vecinas e incluso países limítrofes durante un proceso de más de 20 años.

La heterogeneidad de sus habitantes y las diversas situaciones vividas se resisten a categorizaciones generalizadoras. Sin embargo, y en relación a lo expuesto en líneas anteriores, puede advertirse que todos los vecinos que actualmente residen en esta área atraviesan una misma y peculiar situación : ser periferia del sistema-ciudad actual.

Sus habitantes personifican casi todos aquellos atributos que se han construido cultural y socialmente como 'otro' en tanto 'diferente subalterno'. Las personas que allí viven suelen ser referidas, por discursos gubernamentales y mediáticos, como 'los desempleados', 'sin tierra', 'sin vivienda' o simplemente 'pobres' [2]

A los fines de este trabajo, nos interesa desplazarnos de propuestas que intentan 'describir y corregir' la situación de aquellos grupos urbanos cuya situación ha sido definida como precaria, para repensar la relación que se establece aún hoy con aquel 'otro'.

Esta tarea resultará tarde o temprano ineludible al menos para todos aquellos que, desde sus propias áreas de investigación, se propongan contribuir a la configuración de marcos epistemológicos diferenciados. Se hace necesario repensar críticamente dicha relación de otredad en la producción de conocimiento en el marco del capitalismo actual.

LA CONSTRUCCIÓN DEL CONOCIMIENTO CIENTÍFICO.

Interesa en este apartado reconstruir la manera como se han conformado las relaciones cognitivas a la luz del saber científico. La importancia de esta tarea estriba en la virtualidad explicativa que puede tener dicha caracterización a la hora de comprender las dificultades y limitaciones de las respuestas brindadas por la ciencia moderna.

Sousa Santos (2000) expresa que la racionalidad científica se ha caracterizado por ser un modelo global. A partir de este rasgo, expresa el autor, la racionalidad se vuelve totalitaria en tanto somete a los demás saberes a su propia lógica, por no corresponderse con su estructura epistémica y metodológica.

Las instituciones formales de educación diseñadas en el período iluminista se crearon como espacios desde los cuales el conocimiento habría de producirse a través de una actividad exclusivamente intelectual y compartimentada, según aspectos o abordajes denominados 'disciplinas.'

El saber se configura como patrimonio de los sectores académicos que, desde ciertas parcelas temáticas, poseen la 'licencia' para pronunciar explicaciones sobre el comportamiento de los fenómenos 'naturales' o 'sociales' partiendo, como se advierte, de una ruptura fundacional que, arbitrariamente, escindió a la especie humana del dominio de lo natural (lo racional y lógico, de lo sensitivo y vivencial).

La producción científica y tecnológica global ha avasallado la producción cultural particular y consuetudinaria; el afán por pertenecer al mundo desarrollado ha inventado la primera necedad, la subordinación de la cultura tradicional frente a la cultura científica técnica. A partir de esta premisa, la ciencia se asocia a la idea de "descubrimiento innovador" que es producida exclusivamente por el sector académico, que legitima la "calidad" de sus producciones por un supuesto rigor científico (subordinado a criterios empíricos, objetivos, racionales y lógicos), y las orienta mediante requerimientos de eficacia y progreso.

Desde esta perspectiva, la producción científico-tecnológica, respondiendo a los principios anteriormente formulados, se pronuncia indiferente al contexto socio político que la contiene; y se formula en el afán de encontrar verdades absolutas que regulen, organicen y controlen la realidad, a partir de una concepción evolucionista y lineal del conocimiento.

En este marco, el desarrollo de ciencia y tecnología es básicamente un asunto técnico, no político, desprovisto de valores e intereses: "...habría una barrera virtual que protegería al ambiente de producción científico-tecnológica del contexto social, político y económico" (Dagnino, 2008: 35) Dicha barrera funcionaría como una especie de contención que impide la participación de diferentes actores sociales en lo que respecta a la decisión sobre qué, para quién y cómo investigar. Esta idea se basa en el supuesto de que cualquier posicionamiento político lleva a una distorsión susceptible de ser considerada una impureza del propio conocimiento.

Presuponiendo la pureza y neutralidad como elemento central la ciencia se asume como desprovista de valores e independiente del contexto, al que no puede determinar y por el que tampoco puede ser influenciada. Situación que se traduce en una especie de "resguardo" para las producciones científico-tecnológicas puesto que se entiende que sus efectos -sean positivos o negativos- no dependen del propio conocimiento en cuestión, sino más bien del uso que le dan las personas le dan al mismo. En este sentido las producciones científicas se amparan en el supuesto de que es la ética la responsable de los usos y no usos de dichas producciones.

Con ello la ciencia y la tecnología no serían un asunto políticamente descripto sino solamente un asunto cognitivamente elaborado.

La ciencia en su concepción determinista implica que su desarrollo es una variable independiente y universal que define el comportamiento de todas las otras variables del sistema productivo y social (Dagnino, 2008: 36). Esto supone una concepción materialista liderada por el exacerbado énfasis por el resultado, esto es, el artefacto-producto, por sobre la consideración del proceso mismo que involucra su creación. Esta preeminencia del resultado por sobre el proceso se traduce, a su vez, en la creencia en que todo desarrollo científico se configura como la respuesta adecuada al binomio problema-solución sin considerar contextos ni actores particularizados.

El conocimiento científico se impone como única verdad, posibilidad y alternativa. Se posiciona como saber legítimo y universal. De este modo, el contexto - territorialidad socio-geográfica - pasa a un segundo plano de importancia, limitándose a cumplir una función de adaptación frente a un modelo abstracto, en la mayoría de las veces ajeno, al cual debe emular.

Tanto la ciencia neutra como la tecnología determinista- procesos cognitivos y productivos- han sido variantes inexorables de una producción (e interés) capitalista que han sesgado, frecuentemente, la construcción de conocimiento sin compromiso con los procesos de cambio y transformación social.

La comunidad de Villa La Tela en relación con el conocimiento científico

Se pretende en este apartado reflexionar en torno a la manera en que se manifiestan los conceptos mencionados anteriormente en una comunidad particular, Villa La Tela -ciudad de Córdoba, Argentina. Con esta intención se recuperan algunos elementos que evidencien las debilidades que emergen de las intervenciones científicas y tecnológicas hegemónicas a la hora de configurarse como herramientas de cambios o transformación social.

Uno de los principales obstáculos se explicita en el proceso de "trabajo de campo". Así, a partir de la lógica científica de valoración del material empírico, se intenta "bajar" elementos conceptuales a la realidad en el afán de encontrar elementos o indicadores que, con alto grado de confianza, "prueben" una hipótesis determinada.

De este modo, se reduce a la comprensión o el estudio de la realidad (y las personas) a un objeto que, en el marco de un contexto determinado, permite verificar un pensamiento o teoría. Poner en este lugar al "otro" de la investigación implica delegarle un rol de absoluta pasividad. Se va estableciendo de este modo una relación de asimetría y diferenciación con el investigador. Ejemplo de esta complejidad se puede observar en la manera como se presenta la jerarquía del saber académico por sobre el saber popular.

Los científicos como portadores del saber, y las comunidades como grupos de sujetos "objetos" a los que se los puede investigar. El resultado de una indagación con estas características suele configurarse como aporte para la sociedad en tanto transferencia de saber desde el sector que "sabe" frente a quienes "no saben", es decir, léase desde un sector académico o técnico hacia la comunidad. Se profundiza así la brecha de la distinción entre los sujetos generadores de conocimiento y los supuestos destinatarios del mismo. Por un lado se encuentra aquel que sabe, por otro el que debe aprender.

Las consecuencias de estas prácticas pueden asociarse a la actual disminución del diálogo entre las personas y sus saberes: en parte esto puede explicarse por la conformación de un canal unidireccional a partir del cual ese saber se transfiere.

Es a partir de dicho saber, considerado como legítimo, que se elaboran supuestas respuestas universales para los problemas o necesidades sentidas por las personas (determinismo tecnológico).
Se mencionan, por ejemplo, experiencias que se centran en la implementación de propuestas "enlatadas", las cuales terminan siendo "no-soluciones" efectivas por no ser aptas, ni responder a las condiciones y necesidades reales de la comunidad. Se observa en este hecho la implícita aceptación de propuestas que pueden sobrevivir desprovistas de los marcos socio-culturales propios de cada realidad geo-política.

PROPUESTAS DIFERENCIADAS

A partir de las reflexiones realizadas en el presente trabajo, se hace evidente la necesidad de revisar críticamente los procesos cognitivos hegemónicos actuales a fin de generar aportes tendientes a colaborar en una transformación significativa de la ciencia y la tecnología, es decir, se hace indispensable pensar creativamente marcos epistémicos diferenciados.

Por esto es interesante recuperar aquellas propuestas que promueven el diálogo entre la actividad científica (empírica y teórica) e iniciativas provenientes de otros sectores, transformando las relaciones de dominación (en cualquiera de sus muy variadas formas).

Uno de los puntos necesarios en este desafío sería definir en qué condiciones puede producirse ese encuentro dialogal. Claramente una posibilidad, y quizás la alternativa más frecuentemente efectivizada, es la de transformar el conocimiento en asesoramiento técnico a procesos de acciones colectivas. Esta modalidad, ha sido fuertemente impulsada desde la labor de lo que se denomina el 'tercer sector' en articulación con diferentes organismos de Ciencia y Tecnología. Su mérito y utilidad no se discutirá aquí, pero se mencionará, sin embargo, que la reflexión científica contemporánea debería profundizarse en pos de no relegar las labores científico-tecnológicas a un mero rol instrumental que finalmente no revierta la matriz relacional de dominación-subordinación planteada entre el saber académico y el saber popular.

Dicho de otro modo, transferir conocimientos desde el sector de producción científica a procesos considerados "de emancipación" resulta cuestionable por la unidireccionalidad que implica, donde el saber no se co-construye con otros sectores sino que se drena desde una matriz institucional, con sus modalidades no sólo epistémicas sino metodológicas, hacia el resto de la sociedad.

Señalar esto implica no ceder ante la tentación de formular respuestas apresuradas que salden superficialmente esta deuda reconocida hacia lo que se denomina los 'saberes otros'. Pues tomar con seriedad esta observación requiere de una revisión profunda de las características que poseen los distintos actores y sectores sociales que la modernidad sojuzgó.

Sin duda, este es el caso de los sectores populares subalternizados establecidos en espacios urbanos periféricos. En este sentido, se hace necesario pensar instrumentos analíticos que permitan recuperar conocimientos suprimidos o marginalizados, que viabilicen la construcción de condiciones que tornen posible construir nuevos conocimientos de resistencia y de producción de alternativas al capitalismo y al colonialismo. Boaventura de Sousa Santos presenta esta idea con énfasis al decir que "…no habrá justicia social global sin justicia cognitiva global…" (Sousa Santos, 2009: 12).

La base cognitiva parece ser entonces el instrumento disponible con que se definen los problemas y se construyen las soluciones, por lo que es indispensable repensarla en función de las ideologías imperantes que la tiñen y la sostienen, constituyendo un desafío revisarla en base a modelos de desarrollo no excluyentes.

Es necesario generar alternativas epistemológicas que puedan acompañar y potenciar los procesos de transformación social, generar nuevas prácticas de conocimientos que se basen en el establecimiento de vínculos de horizontalidad y respeto entre las personas, que deconstruyan las relaciones de desigualdad (poder-saber) que subyacen en el sistema hegemónico actual (paradigma de la ciencia moderna). Dicho "paradigma emergente" no puede ser solamente un paradigma científico -paradigma de un conocimiento prudente- sino que debe ser también un paradigma social (Sousa Santos, 2009).

El conocimiento emerge entonces de una realidad particular territorializada, de temáticas, sucesos y saberes de colectivos específicos, atravesados por una "vivencia" social mutuamente compartida. Es un conocimiento que se abre caminos entre las condiciones de posibilidad de las personas y colectivos en el marco de procesos de transformación y cambio social. Son justamente los saberes que sustentan estas prácticas los insumos principales de esta forma alternativa de conocer; es por esto que el conocimiento se vuelve "autoconocimiento".

Entendido de este modo se pone en cuestión la idea de descubrimiento e innovación, elementos que en más de una oportunidad guían las investigaciones actuales. En este sentido Sousa Santos (2009: 52) aporta que "...la ciencia no descubre, crea, y en el acto creativo protagonizado por cada científico y por la comunidad científica en su conjunto, ha de conocerse íntimamente antes que se conozca lo que con él se conoce de lo real" (P. 52). Desde esta concepción se prioriza el aspecto personal, en tanto acto subjetivo de conocimiento (científico); que transformado en cuerpo acompaña el vivir cotidiano y se traduce en un saber práctico.

Resignificar el saber producto del sentido común es una tarea clave si se está en el intento de co-construir un conocimiento que busque su validación en las condiciones de realidad de diferentes grupos sociales, en sus necesidades, en sus proyecciones. La manifestación de esta visión supone entonces una construcción inter-actoral en la que confluyen saberes de distinto tipo, tanto tácitos como codificados.

A partir de esta visión alternativa, lo que se intenta es construir un conocimiento que parta de realidades múltiples, de diferentes totalidades, principalmente aquellas que por años han sido silenciadas. El desafío es valorar el conocimiento que emerge de la dimensión práctica propia de todos los sujetos.
Surge de este modo una alternativa epistemológica que liga los potenciales y los conocimientos tradicionales- tácitos o no codificados en la mayoría de los casos- con las capacidades y los conocimientos en ciencia y tecnología- codificados y difundidos- lo que produciría un conocimiento co-construido de saberes complementarios que se asociarían desde la definición del problema hasta la resolución del mismo.

Esto implica introducir la idea de que la ciencia y la tecnología constituyen en sí mismas procesos de construcción social, y por lo tanto política, que tendrán que ser operacionalizadas en las condiciones dadas según el ambiente donde se ejecuten dependiendo principalmente de la interacción de los actores involucrados en el mencionado proceso (Dagnino, 2008)

Se introduce en este relato un concepto central acuñado por la Teoría Crítica en lo que concierne a los Estudios Sociales de la Tecnología (Hughes, 1986; Bijker,

Hughes y Pinch, 1987) ya que, consideramos, enriquece la reflexiones que se vienen realizando: la "adecuación socio-técnica". El mismo procura contribuir a los procesos que buscan promover una adecuación del conocimiento científico y tecnológico, trascendiendo las visiones estáticas de un producto que, es presentado como respuesta universal a un determinado problema, y es construido exclusivamente por un sector. La clave de la "adecuación socio-técnica" es que viabilizada el surgimiento de una "nueva ciencia y una nueva tecnología" que involucra actores multisectoriales participando del proceso de producción del conocimiento en condición de horizontalidad; conocimiento localizado -producido acorde a los contextos y las problematizaciones-; conocimiento conformado por saberes codificados y tácitos- conocimiento co-construido, conocimiento mixto y complementario-; y, por tanto, democratización del conocimiento.

Villa La Tela, escenario desafiante para la revisión de posiciones e intenciones

La investigación alternativa que se sostiene como producción acorde a este posicionamiento inter-actoral transita en el territorio de la villa e intenta deconstruir muchos aspectos que caracterizan el paradigma científico hegemónico.

En este sentido, un aspecto que se considera clave es re-valorar la experiencia misma del encuentro, es decir, el intercambio espontáneo que se da entre las personas que aportamos en el proceso de investigación. Lo que se intenta es encontrarle un sentido diferenciado al "trabajo de campo" (aspecto metodológico), donde el énfasis no está puesto en la mera "recolección de datos", a través de los cuales se pueda explicar una determinada situación, sino ir construyendo con los "otros" espacios de dialogo a partir de los cuales se va re-pensando constantemente el proceso mismo de investigación y la realidad que le da sustento. Se apuesta a la generación de un intercambio dialéctico constante a partir del cual la reflexión y la praxis son transformados mutuamente. Es a partir de este proceso que la investigación va tomando cuerpo y dirección.

Se reconocen a las personas con las que se realiza la investigación como pares, se deja de lado de este modo la idea de "objeto de investigación". Se considera a las personas como sujetos en situación. Situación que esta determinada por variables que van a ir definiendo la cotidianidad, la trayectoria y las experiencias de los hombres y mujeres.

En este marco, los conocimientos propios de los ámbitos académicos son valorados como una herramienta más en lo que respecta al proceso de investigación; no son considerados los únicos y mucho menos los más legítimos. Se los entiende como insumos o elementos que aportan y viabilizan la acción reflexiva constante a partir de la cual se va pensando críticamente la realidad.

La inter-actoralidad conlleva a una profunda decisión de abandonar el instrumento racional del dato y su análisis-interpretación llevado a un lenguaje reconocido académicamente, para reconciliarse con la experiencia de la construcción colectiva a partir del descubrimiento de los sujetos- el actor y el investigador- enlazados por el potencial del intercambio que genera una nueva visión de "lo social".

Partir de los saberes que emergen de la propia experiencia y reflexividad de todas las personas; animarse al desafío del encuentro con otras visiones, otros modos y otras formas de entender la realidad. Poner en dialogo, a través de la praxis, elementos y saberes, que por momentos hasta parecen contrapuestos, es un ejercicio que se vuelve inspirador de nuevas construcciones, de nuevos conocimientos. Son estos los elementos que se hacen necesarios priorizar si lo que se pretende es construir un horizonte transformador que contenga los deseos, necesidades y aspiraciones del colectivo; un conocimiento democrático y con anclaje social.

REVISANDO POSICIONES

Las consideraciones a lo largo de este trabajo pretendieron revisar críticamente el rol desempeñado, cumplido y actualizado por la producción de conocimiento en la sociedad capitalista actual. Entendiendo al capitalismo como el marco materialista que se refleja como un modo de "ser en relación" y no solamente como un sistema económico.

Por otro lado, y en la misma dirección del descubrimiento de las diferencias respecto de las interpretaciones actuales del mundo, se pone en tela de juicio el valor del saber jerarquizado como resultado indiscutible del juego de poderes detentados por los diversos sectores de la sociedad.

Las consideraciones referidas a la neutralidad de la ciencia y los determinismos tecnológicos se asumen como cuestiones claves desde donde parten las principales reducciones en los abordajes. Se sitúa a la ciencia y a la tecnología como preocupaciones no sólo cognitivas sino también políticas intentando involucrarlas en el acervo cultural y cívico de la sociedad en su conjunto.

Se dice de manera enfática que las visiones estáticas y normativas del conocimiento idealizado deben ser quebradas para promover otro modelo cognitivo donde las construcciones sean sociales y se negocien entre grupos de actores relevantes generando un proceso participativo y democrático.

Entre las críticas fuertemente colocadas a lo largo del artículo es interesante recuperar aquellas que proponen, con insistencia, poner en diálogo la actividad científica con las producciones que provienen de otros sectores, con la intención de modificar y superar la instancia de jerarquización sectorial a partir de una reflexión crítica que permita abandonar el rol instrumental científico revirtiendo la matriz relacional entre el saber codificado y el tácito.

Lo que se pretende en todo sentido es reconciliarse con construcciones de saber colectivas entre sujetos participando democráticamente, a los fines de superar obstáculos ni siquiera aún detectados en algunos casos. Y ese es el desafío, la transformación en el abordaje epistémico- base cognitiva diferencial- permitiría una nueva reflexión sobre el campo de la investigación social.

La voluntad de referir estos temas y nociones a este caso específico ha sido, en última instancia, recuperar lo aportado por un proyecto en particular, intentando describir con sensatez aquellos aspectos que se presentan irresueltos y dificultosos, en el convencimiento que son estos elementos los que impulsarán a desplazar los postulados fundantes del basamento epistémico a nuevas y más beneficiosas arenas.

BIBLIOGRAFÍA

BIJKER, W. E. (1995): *Of bicycles, bakelites, and bulbs. Toward a theory of sociotechnical change*. MIT Press. Massachusetts. Estados Unidos

BIJKER, W. E.; HUGHES, T. and PINCH, T. (1987): *The Social Construction of Technological Systems: New Directions in the Sociology and History of Technology*. MIT Press. Massachusetts. United States of America.

SANTOS, B. de S. (2009): *Epistemología del Sur*. Siglo XXI. México.

DAGNINO, R. (2008): *Neutralidad de la ciencia y determinismo tecnológico* Editora da Unicamp. Sao Paulo. Brasil

FEENBERG, A. (2002): *Transforming Technology*. Oxford University Press.Oxford. Reino Unido.

KREIMER, P.: Catálogo en **SALOMÓN, J. J. (2008).** *Los científicos. Entre poder y saber*. Quilmes Editorial. Buenos Aires.

LANDER, E.: *Ciencias Sociales: Saberes coloniales y eurocéntricos*. En: **LANDER, E. (2000)**: *La colonialidad del saber: Eurocentrismo y ciencias sociales*. Consejo Perspectivas latinoamericanas. CLACSO. Consejo Latinoamericano de Ciencias Sociales. Buenos Aires

LATOUR, B.: (2008): *Reensamblar lo social. Una introducción a la teoría del actor-red*. Ed. Manantial. Buenos Aires. Argentina.

(2007): *Nunca fuimos modernos. Ensayo de antropología simétrica*. Siglo XXI Editores Argentina S.A.. Buenos Aires. Argentina.

MIGNOLO, W.: *El pensamiento decolonial: Desprendimiento y apertura. Un manifiesto*. En: CASTRO-GÓMEZ, S. y GROSFOGUEL, R. (2007) *El giro decolonial*. Siglo del Hombre Editores. Bogotá. Colombia.

MIGNOLO, W.: *La colonialidad a lo largo y a lo ancho: el hemisferio occidental en el horizonte colonial de la modernidad*. En: **LANDER, E.** (2000). *La colonialidad del saber: eurocentrismo y ciencias sociales. Perspectivas Latinoamericanas*. CLACSO, Consejo Latinoamericano de Ciencias Sociales. Buenos Aires. Argentina.

SALOMON, J. J. (2008): *Los científicos. Entre poder y saber*. Universidad Nacional de Quilmes Editorial. Buenos Aires. Argentina

TARDE, G. (2000): Social Laws: An Outline of Sociology. [En línea] Kitchener: Batoche Books. [Fecha de consulta: 16 marzo 2011]. Disponible en http://socserv.mcmaster.ca/econ/ugcm/3ll3/tarde/laws.pdf .

VASILACHIS de Gialdino, I.(2003): *Pobres, pobreza, identidad y representaciones sociales.* Gedisa. Barcelona. España

VESSURI, H. (2007): *O inventamos o erramos. La ciencia como idea-fuerza en América Latina.* Ed. Universidad de Quilmes. Buenos Aires. Argentina.

WALSH, C. (2007): "¿Son posibles unas Ciencias Sociales/Culturales otras? Reflexiones en torno a las epistemologías decoloniales" en revista virtual *Nómadas*. ISSN: 0121-7550.

NOTAS

[1] Capítulo trabajado en base al artículo de Peyloubet, P. y Ortecho, M. (2011): Reflexiones en torno a la generación de una nueva epistemia a partir de la construcción intersectorial, s/d.

[2] Tal como lo señala la investigación realizada por Irene (Vasilachis, 2003: 103-116) en torno a las representaciones promovidas por tres medios gráficos argentinos respecto de las personas que viven en la calle, las alusiones a estos sectores suelen realizarse a través de la negación, estigmatizando la carencia como condición central de existencia.

Lo Natural es Pensar Diferente: *Reflexionando Sobre las Praxis Emancipadoras en las Prácticas de Investigación*

Bard Wigdor, Gabriela; Barrionuevo, Laura; Echavarría, Corina

> *"Hacer teoría*
> *sin acción es soñar despiertos,*
> *pero la acción sin teoría amenaza con*
> *producir una pesadilla"*
> *Ana Luisa Liguori*

Este capítulo responde a una preocupación de las autoras entorno al carácter emancipatorio de la praxis de la investigación social y la relevancia de los espacios de intersubjetividad que construyen dichos procesos. Consideramos que nociones como las de emancipación, praxis, construcción intersubjetiva del conocimiento, son excepcionales en el marco de los modelos de investigación tradicional -que para los fines de este trabajo denominaremos Positivista-.

En este sentido, se hace necesario aclarar que la intención de este trabajo es discutir desde los aportes de la investigación militante con las corrientes de investigación social positivistas, por el contraste explícito que presentan con la perceptiva epistemológica y metodológica que aquí se desarrolla. Considerando que esto no implica desconocer los avances que las corrientes de investigación interpretativas han aportado en relación a las preocupaciones que se presentan a continuación, tales como la relación que se establece con los/as sujetos de la investigación, la necesidad de comprensión del sentido de la acción social en el contexto del mundo de la vida de los/as sujetos y desde la perspectiva de los/as mimos/as.

Así, en relación al Positivismo, entre los problemas centrales que nos preocupan se encuentra la construcción de la investigación social en el marco de una relación objetivante del otro/a y los criterios de validación exógenos y universales y su orientación al control del cambio social. Dado que, en la investigación tradicional el o la investigador/a ocupa la posición de quien "posee el conocimiento", por lo cual, está investido/a de autoridad y, en consecuencia, establece una relación de poder frente a quien, en tanto "ignora", termina convertido en "objeto" de la investigación, siendo clasificado y (des)calificado en el proceso (Lechner, 1988). El/la investigador/a es quien decide unilateralmente el lugar y el momento de la investigación, sin necesidad de que las personas activamente justifiquen su presencia y contribución a las tareas concretas de los colectivos sociales implicados en la investigación. Ya sea desde la acción o la reflexión. El/la investigador/a son externos al proceso de conocimiento, es decir independiente de los hechos o sujetos que investigan, argumentando neutralidad. Se construye, de esta manera, un proceso de investigación caracterizado por la verticalidad y, consecuentemente, la desigualdad.

De esta manera, al ser el otro/a de de los proceso de la investigación un objeto entendido como material de investigación, no hay búsqueda de comprensión, de la construcción de conocimiento con los/as investigados/as, sino que solo es relevante la intersubjetividad al interior de la comunidad científica, por lo tanto, el lenguaje y los intereses se construyen en el mundo académico.

Otro problema frecuente en la investigación positivista, es que en más de una oportunidad los/as investigadores/as, tal vez por falta de claridad en los marcos de referencia o rigidez conceptual y de métodos, buscan en la realidad aspectos o indicadores que les permitan validar sus marcos epistemológicos y, de esta manera, acaban adaptando la realidad a construcciones e interpretaciones de otras épocas y contextos sociales. En este marco, las teorías, leyes, conceptos y métodos se convierten en "fetiches", en objeto de culto supersticioso y excesivo que condiciona, sino determina, la forma de conocer. Acompaña a esta situación la búsqueda constante de explicaciones causales y la predicción del comportamiento de los/as sujetos o de los fenómenos estudiados, donde a partir de las definiciones y teorías se intenta medir y controlar la "realidad", como forma de "conocerla". Debemos tener en cuenta que en su origen el Positivismo pretende el "progreso" de la Humanidad, el cual sería conquistado en el marco de la armonía y el orden, "iluminando" a sujetos que no son conscientes de sus conductas, las cuales son resultado de fuerzas que no pueden ni controlar ni comprender.

Así las cosas, entendemos junto a los autores que integraremos en un diálogo a lo largo de este texto que es conveniente buscar alternativas epistemológicas que permitan acercarse a la realidad, no para describirla y controlarla, sino para comprenderla y transformarla. Buscamos propuestas alternativas a la hegemónica, que nos permitan pensar nuevos horizontes que guíen la investigación. Para esto, recuperamos como antecedente el pensamiento social crítico en América Latina; que pone en cuestión el mito civilizatorio eurocéntrico del conocimiento (formalizado en el canon científico como cristalización de la articulación saber-poder). A partir de esta posición, es que nos proponemos recuperar los aportes de autores que desde la construcción de marcos epistemológicos diferenciados buscan resolver las situaciones estereotipadas de cognición vigentes, sin la pretensión de alcanzar definiciones clausuradas, lo cual sería a priori contradictorio con la propuesta, sino integrarnos sobre las construcciones colectivas que actualmente continúan reformulándose.

Partimos de la referencia que representa Paulo Freire, por considerarlo un pensador clave que nos ayuda a introducirnos en la problemática de la construcción de conocimiento para la emancipación social. En el siguiente apartado, frente a los problemas principales que el paradigma positivista hegemónico de conocimiento presenta para abordar la investigación social, desarrollamos propuestas alternativas al mismo, basándonos en epistemologías que podríamos denominar diferenciadas.

A continuación, seguimos particularizando nuestra sistematización a partir de los desarrollos de Fals Borda, Rojas Soriano, Zibechi para pensar la investigación social militante y del Colectivo Situaciones con su propuesta metodológica de aplicación de esta perspectiva, así como otros/as autores que nos permiten reflexionar sobre la posición del/la investigador/a social y su carácter político. Por último, proponemos algunas conclusiones provisorias o reflexiones, en el sentido de acercar aportes que nos abran caminos para seguir pensando la investigación como un aporte más a la emancipación social.

PRIMER APARTADO: EL ENCUENTRO DE SABERES EMANCIPADORES

> *"Nadie libera a nadie,*
> *ni nadie se libera solo,*
> *los hombres se liberan en comunión".*
> *Paulo Freire*

Alimentadas por vacíos inquietantes, propios de las sistematizaciones ajenas de la obra de Freire, y con la convicción y reconocimiento de que su propuesta emerge como un horizonte alternativo para pensar y actuar no sólo a los movimientos y organizaciones sociales en Argentina sino también a quienes buscamos vincularnos con ellos desde la práctica de la investigación en términos emancipatorios, iniciamos nuestro camino de reconstrucción de la teoría de la acción dialógica.

Desde el exilio, a fines de los años sesenta, Paulo Freire inicia un proceso de reflexión de las prácticas pedagógicas –situaciones concretas- de manera de posibilitar la inserción de los hombres y mujeres en el proceso histórico como sujetos, su "liberación". En este contexto, el proceso de transformación es dialógicamente concebido, como una dinámica permanente donde todos aprenden a ejercitar el diálogo y el poder. El supuesto básico de la teoría de la acción dialógica freiriana es la "intercomunicación". Desde una perspectiva dialógica, destaca el autor, no es posible hablar de actor en singular, ni de actores en general, sino de actores en intersubjetividad. Afirma: "Creo que una de las mejores cosas que podemos experimentar en la vida, hombres y mujeres, es la belleza en nuestra relaciones, aun cuando esté salpicada, de vez en cuando, de desacuerdos que simplemente comprueban que somos personas" (Freire, 2009: 85).

La construcción con las y los otros es un factor determinante en los procesos de transformación social que parten siempre de lo que cada persona sabe y lo ponen en diálogo con el saber de la otra persona. Se trata de poner sobre relieve la sabiduría que resulta necesariamente de la experiencia sociocultural para superar un error científico que sería expresión inequívoca de la presencia de una ideología elitista. Privilegiamos en esta presentación de su trabajo la articulación dialéctica Opresión – Diálogo – Liberación, tomando este último momento como análogo al momento emancipador o transformador en la construcción del conocimiento; animadas por las palabras introductorias del autor, en la Pedagogía del Oprimido, en las que destaca: "El hombre radical, comprometido con la liberación de los hombres, no se deja prender en "círculos de seguridad" en los cuales aprisiona también la realidad. Por el contrario es tanto más radical cuanto más se inserta en esta realidad para, a fin de conocerla mejor, transformarla mejor. [...] No teme el encuentro con el pueblo. No teme el diálogo con él, de lo que resulta un saber cada vez mayor de ambos. (Freire: 2002, 26)

El hombre y la mujer en situación de opresión

La situación de opresión de hombres y mujeres es resultado de la consolidación de una relación deshumanizante, donde el conocimiento que tienen de sí mismos y de su situación es perjudicada por su inmersión en una realidad impropia, la realidad opresora, en la cual se encuentran acomodados y adaptados. El elemento básico que caracteriza esta situación es la "prescripción" o la imposición de la opción de una conciencia a otra. De esta manera, esos hombres y mujeres siguen pautas ajenas que asumen como propias. La característica de los oprimidos, afirma el autor, es el "dualismo": "*são ao mesmo tempo eles mesmos e o opressor, cuja imagem interiorizam - son al mismo tiempo ellos mismos y el opresor, cuya imagen internalizan*" (Freire, 2005: 71).

En tal sentido, la estructura de su pensamiento se ve condicionada por una situación existencial que los manipula. Sin embargo, advierte el autor, los hombres y mujeres conocen sus condicionamientos. Son "seres en situación" y "son porque están en situación" (Freire, 2002: 131), porque se encuentran enraizados en condiciones temporales y espaciales que los marcan y viceversa.

La manipulación, afirma Freire (2002: 188) "es un instrumento de conquista" a través del cual el opresor busca conformar a hombres y mujeres con objetivos que no les son propios; refiere a la adopción mimética de fines o valores externos a los mismos o, como afirmáramos, a la "inmersión" en una realidad que es ajena a su condición. Así, permanecen condicionados, desde una perspectiva individualista, por el orden vigente donde son-para-otros en formas instrumentales y, por ende, objetivantes de relación.

La falta de valoración ("desprezo") de sí mismos es otra de las características de la situación de opresión, concomitante con la interiorización de la opinión que de ellos tienen los opresores, según la cual se entienden "incapaces" y poseedores de "creencias difusas, mágicas", por tanto, podríamos decir, desprovistos de un saber significativo. (Freire, 2005: 71)

En su vida personal y social los oprimidos encuentran obstáculos, barreras que se hacen necesario preciso vencer, a las que Freire llama "situaciones límite", frente a las cuales los oprimidos pueden asumir diversas actitudes: perdidos en una visión fatalista, percibirlas como un obstáculo que no pueden o quieren superar, o bien, desde una perspectiva crítica visualizarlas como algo que saben que existe y que es preciso romper. En el primer caso, las situaciones adversas se presentarían a los hombres como un determinismo histórico al cual no cabría otra alternativa más que la adaptación. En el último caso, desafiados a resolver de la mejor manera posible, en un clima de esperanza y confianza, los problemas de la sociedad en la que viven decidirían actuar. Freire llama, entonces, "actos límites" a las acciones necesarias para romper las citadas "situaciones límites". Por lo tanto, los actos límites se dirigen a la superación y a la negociación de lo dado.

En este marco, señala Freire, la esperanza de rehacer el mundo es fundamental en la lucha de los oprimidos y las oprimidas. La praxis aparece aquí como el vehículo posibilitador hacia un hacia un horizonte emancipador: "Es necesario, recalquémoslo, que se entreguen a la praxis liberadora." (Freire, 2002: 40)

Nombrar el mundo a través del diálogo

> *"La palabra como comportamiento humano,*
> *significante del mundo,*
> *no sólo designa a las cosas, las transforma;*
> *no sólo es pensamiento, es praxis".*
> *(Fiori citado en Freire, 2002: 16)*

En la perspectiva freireana hombres y mujeres son seres históricos, incompletos, inacabados, que se hacen y rehacen socialmente. La dinámica de la transformación es permanente en caminos que parten del encuentro con el otro y comienzan "rompiendo el aislamiento" en nuestra localidad, en nuestro barrio o vecindad. (Freire, 2006: 51) Explica Fiori, en la introducción a la Pedagogía del Oprimido, que "la intersubjetividad en que las conciencias se enfrentan, se dialectizan, se promueven, es la tesitura del proceso histórico de humanización (…) La palabra, por ser lugar de encuentro y de reconocimiento de las conciencias, también lo es de reencuentro y de reconocimiento de sí mismo" (Fiori citado en Freire, 2002:14, 17).

Así, el supuesto básico de la teoría de la acción dialógica es la "intercomunicación". Desde una perspectiva dialógica, destaca el autor, no es posible hablar de actor en singular, ni de actores en general, sino de actores en intersubjetividad. Actores que, mediante la comunicación, reconocen al otro y se reconocen a sí mismos en el otro y, en este diálogo, desarrollan "el sentir común de una realidad que no puede ser vista, mecanicistamente, separada, simplistamente bien "comportada", sino en la complejidad de su permanente devenir" (Freire, 2002: 130).

El diálogo gana importancia precisamente porque los sujetos dialógicos no sólo conservan su identidad, sino que conscientes de su "incompletitud" e "inacabamiento", conocen lo que es diferente de sí mismos y de esa manera se reconocen a sí mismos, creciendo el uno con el otro. Esto implica un respeto fundamental de los sujetos involucrados en diálogo, por lo que cualquier forma de autoritarismo rompería o impediría su constitución; y una relación horizontal y democrática, como condición de posibilidad de que la persona se abra al encuentro con el otro, al pensar del otro. Como afirmamos anteriormente, el diálogo es la herramienta para no permanecer en el aislamiento.

En este contexto, los diálogos con potencial transformador: parten de la "curiosidad", característica de la experiencia vital de los hombres y motor del conocimiento; se refieren a asuntos vinculados a las "situaciones límites" que constituyen la situación de opresión, en una reflexión que equivale a pensar la propia condición de existir. En este sentido, es el reconocimiento de los límites que la realidad impone al desarrollo de su humanidad, la del oprimido, lo que se constituye en el motor de la "acción liberadora". El éxito de la acción comunicativa del hombre situado da contenido al proceso de entendimiento intersubjetivo: la superación de los determinismos, permite visualizar lo que Freire denomina la "frontera entre el ser y el ser más" (inéditos viables). Esto es, algo colectivamente definido en cuya dirección se dirigirá la acción. De esta manera, explica Fiori: "El destino, críticamente, se recupera como proyecto" (Fiori citado en Freire, 2002: 16). La praxis que es reflexión y acción, es la verdadera fuente de creación y conocimiento del hombre sobre el mundo para transformarlo, para superar la contradicción opresor-oprimido.

Así la "lectura del mundo", desde el punto de vista que nos interesa en este trabajo, aquello que va permitiendo el desciframiento cada vez más crítico de la o las situaciones límite, según lo expuesto, no puede ser solamente la de los académicos —ya sea como un ejercicio complaciente o como una imposición a los oprimidos. Existen diferentes lecturas sobre el mundo, que pueden ser antagónicas, y es aquí donde el diálogo como relación de horizontalidad y respeto por el otro/a adquiere de central importancia. En síntesis, lo que "defiende" la Teoría Dialógica de la Acción, según el propio autor, "es que la denuncia del 'régimen que segrega esta injusticia y engendra esta miseria' sea hecha con sus víctimas a fin de buscar la liberación de los hombres en colaboración con ellos" (Freire, 2002: 222)

Una transformación libertaria

> *"los oprimidos no obtendrán la libertad por casualidad,*
> *sino buscándola en su praxis*
> *y reconociendo en ella que*
> *es necesario luchar para conseguirla"*
> *(Freire, 2005: 67)*

Según lo expuesto, la concientización es para Freire (2005: 29) un "acto de conocimiento, una aproximación crítica de la realidad", que mediante la expulsión de la conciencia alojada, demanda la presencia de un contenido diferente: "su autonomía" o responsabilidad. "La liberación auténtica, que es la humanización en proceso, no es una cosa que se deposita en los hombres. No es una palabra más, hueca, mitificante." (Freire, 2002: 37, 84) Porque el hombre llega ser sujeto en la media en que reflexiona sobre su situación concreta y, en tal sentido, se compromete para transformarla. La emancipación es praxis que implica la acción y la reflexión de los hombres para la transformación.

En este sentido, el autor destaca que "alanzar la comprensión mas crítica de la situación de opresión todavía no libera a los oprimidos. Sin embargo al desnudarla dan un paso para superarla, siempre que [los oprimidos] se empeñen en la lucha política por la transformación de las condiciones concretas en que se da la opresión." (Freire, 2009: 49) Porque es en el acto de adhesión a la transformación intersubjetiva del mundo, que se pone en juego el reconocimiento del por qué y el cómo de la situación de sumisión, lo que permite superar la fragmentación ideológica que los sujetos experimentan en el cotidiano, tanto entre sí, como de su unidad bio-psico-espiritual, de sus prácticas, etc. Se promueve entonces la búsqueda de la unidad y, consecuentemente, afirma el autor, se busca también la organización.

Es que el proceso de transformación dialógicamente concebido, el acto de liberación, de emancipación, en este sentido, no viene de fuera y tampoco es individual. Afirma Freire (2005:38), no es auto-liberación, nadie se libera solo, se trata de acción y reflexión en común, un compromiso de todos en la creación y recreación de la realidad. Entonces, entregarse a la praxis liberadora, a la praxis auténtica, a la "acción rebelde" no es ni activismo, ni verbalismo sino acción y reflexión conjunta, de los hombres, sobre el mundo para transformarlo: "la búsqueda temática implica en la búsqueda del pensamiento de los hombres, pensamiento que se encuentra solamente en el medio de los hombres que cuestionan reunidos esta realidad. No puedo pensar en el lugar de los otros o sin los otros, y los demás no pueden pensar en sustitución de los hombres". Así, no niega Freire el papel de la subjetividad en la lucha por la modificación de las estructuras, sino que afirma que subjetividad y objetividad se encuentran en permanente dialecticidad.

Finalmente, tres elementos articuladores del pensamiento de Freire resultan de particular relevancia para este trabajo:
1. Nadie se libera solo: donde el diálogo gana importancia precisamente porque los sujetos dialógicos no solo conservan su identidad, sino que en este marco la defienden y de esa manera crecen juntos.
2. Nadie educa a nadie: los hombres se educan entre sí con la mediación del mundo. Así cualquier obstáculo a la comunicación, constitutiva de los hombres en cuanto tales, equivaldría a la cosificación de los mismos, a su instrumentalización para la consecución de un fin particular y ajeno.
3. Permanente movimiento para ser más: que devine de la conciencia del ser inconcluso y su esperanza de rehacer el mundo, donde la praxis aparece como el vehículo posibilitador hacia un horizonte emancipador.

En este contexto, retomamos la idea de co-intensionalidad a partir de la cual podemos pensar la investigación como una tarea en la que los sujetos se encuentran no solo para descubrir y conocer críticamente la realidad, sino para recrear el propio conocimiento: "al alcanzar este conocimiento de la realidad, a través de la reflexión y acción en común, se descubren siendo sus verdaderos creadores y re-creadores" (Freire: 2002: 67)

A modo de síntesis, según Freire, el diálogo se impone como camino de encuentro que solidariza la reflexión y la acción de los "sujetos encauzados hacia un mundo que debe ser transformado y humanizado". Es decir, es el diálogo el que sostiene la colaboración en la construcción del conocimiento por adhesión de los sujetos a fines que han sido explicitados. Esa adhesión, entonces, no refiere a la adopción mimética de fines o valores externos del observador positivista, y sí al ejercicio de la autonomía de las personas en el acto intersubjetivo y reflexivo de conocer el mundo, de pensar la propia condición de su existencia.

A través de su permanente quehacer transformador de la realidad, hombres y mujeres simultáneamente crean la historia, y se hacen seres históricos sociales. Como afirma el autor: "no existe hombre en el vacío" (Freire, 2005: 39) y, fundamentalmente destacará más tarde, ni puede el hombre materializar su sueño si no actúa, "la esperanza no existe en la pura espera. Fuera de hacer el mundo con mi praxis al lado de otras praxis, no hay como tener esperanzas... Llega un momento que la esperanza es ya la transformación..." (Freire citado en Balbo & Bianco, 2006: 9-10)

SEGUNDO APARTADO: OPTANDO POR UN SABER QUE TENGA COMO PREMISA EL ENCUENTRO CON LAS/OS "OTRAS/OS"

La construcción de conocimientos y el desarrollo de un sistema de ideas son el resultado, sin duda, de especulaciones y motivaciones que no pueden ser atribuibles a la simple espontaneidad; su potencial crecimiento y anclaje se asientan sobre decisiones conscientemente tomadas y asumidas de distintos sectores que disponen de recursos de poder y los usan en el sentido de proveer mejoras superlativas para la sociedad. Pero no siempre estas mejoras son, benefician o están efectivamente disponibles para todos y todas (Peyloubet, 2010). Significativamente, la producción de conocimiento, en tanto resultado, se presenta como una mercancía, es decir, un bien apropiable por un sector privilegiado, lejos del alcance de la sociedad en su conjunto. En tanto proceso, se establece a partir de parámetros excluyentes de tipo mercantiles o académicos, desvinculado de la utilidad social que este tiene o del valor que los sectores a quienes está destinado dicho conocimiento le otorgan.

Pensar con Lechner (1984; 1988), la política como una construcción intersubjetiva inacabada, nos permite hacerlo analógicamente respecto del proceso de investigación. Esto es, poner en cuestión el lugar que ocupa quien investiga, cuáles son los paradigmas que se vuelven dominantes en la comunidad científica, quién ocupa la posición de autoridad en la misma, así como también el lugar de las resistencias y de los paradigmas contra-hegemónicos. De esta manera, conocer quién produce conocimiento es central, ya que se trata de hacer evidente quién está comunicando, interviniendo y performando la realidad, que al ser informada es (des)formada por el interés del que conoce y las estructuras teóricas y metodológicas en que esto se traduce. En este sentido, el conocimiento es poder, poder que es capaz de performar las relaciones sociales en diferentes direcciones.

Se hace necesario, entonces, preguntarnos acerca de la preeminencia del contexto de justificación, de un conocimiento que sólo considera como legítima la preocupación por la lógica consecución de los pasos en la investigación, entendidos como necesarios para el logro de los resultados susceptibles de ser reconocidos y las formas de validación de lo que se produce. Dado que la consecuente falta de centralidad del contexto de surgimiento solapa la historicidad de la emergencia de una propuesta de investigación, esto es, del problema que define y de las hipótesis que lo orientan. Es en este escenario, que adquiere importancia la reflexión con otros del qué, el para qué, el para quién y el cómo de una investigación; lo cual nos permitiría dar cuenta de su contexto económico, político, cultural, institucional, del paradigma dominante de la ciencia en ese momento histórico, así como de las necesidades e intereses sociales a los que se busca dar respuesta. Ya Horkheimer (1976) advertía el condicionamiento de las posibilidades de previsión de la ciencia, no a su rigurosidad sino a las estructuras y circunstancias sociales de su época, a las condiciones generales de la sociedad.

La vida cotidiana es fundamental en el campo de análisis del conocimiento y de los contextos en los cuales emergen, porque permite poner de relieve no sólo la dinámica de la relación sujeto-sujeto en la construcción del conocimiento sino, además, la relación entre la práctica de las personas y sus condiciones de vida. En esta dirección, se ofrecen condiciones de posibilidad para la emergencia de nuevos ejes de indagación y reflexión orientados en función de aquellos temas y problemas de grupos sociales concretos y proyectos de vida locales (por ejemplo: una barriada que quiere construir una plaza, un grupo de mujeres que busca hacer un comedor comunitario, etc). En este punto, se hace central abandonar la posición de poder y no presumir que, el investigadores/as dispone de las herramientas o conocimientos necesarios y suficientes para conocer las formas en que los sectores populares problematizan su condición de existencia e identifican sus prioridades.

Desde una perspectiva positivista, lo importante es hacer progresar la ciencia, la producción de conocimiento (Klimovsky, s/d: 15 y ss). Así, un conocimiento es científico cuanto más se despega del sentido común, dando por supuesto que es posible pensar sin ser atravesado por el mismo. Mientras que, el presupuesto de un conocimiento socialmente relevante nos remitiría a investigar lo que "la gente" necesita, interpelando la legitimidad de origen del saber.

Algunos autores como Santos y Zibechi consideran que la investigación debería partir de las aspiraciones e intereses de los pueblos oprimidos y, justamente, poner en cuestión la jerarquía entre conocimiento científico y el denominado común o vulgar. De lo que se trataría entonces es de reconocer que es a partir del sentido común y el conocimiento práctico, que orientamos nuestras acciones cotidianas y damos sentido a nuestras vidas, que es posible generar conocimiento socialmente relevante. Esto, sin desconocer que, como advierte Santos (2009:36), pese a su contenido conservador y mistificador, dicho conocimiento posee también "(...) una dimensión utópica y liberadora que puede ser ampliada a través del conocimiento científico".

No obstante lo dicho, cuando la ciencia tradicional recupera el "descubrimiento", este momento es entendido como un hallazgo que "el/la científico/a" realiza en la sociedad pero desde "fuera de ella", auxiliado por conjeturas innovadoras. Desde esta posición se sostiene que no existe un algoritmo o pasos para realizar descubrimientos. Como plantea Sirvent (2004) para el positivismo, el descubrimiento así promovido sería reducido a un "Eureka", un evento momentáneo no racional, que define una visión elitista de la ciencia siempre que el descubrimiento es propio de algunas mentes seleccionadas. Además, destaca la autora, esto genera y refuerza la convicción de que en las prácticas investigativas habría que preocuparse por el uso de técnicas de verificación, más que por la capacidad de diálogo, creatividad y construcción colectiva. En este sentido, Santos (2009), nos propone pensar la tarea de investigación como una tarea de recuperación de saberes que circulan. Así, mientras para el positivismo es el científico a quien se le presentan los problemas y a quien se le "ocurre" cómo abordarlos y solucionarlos; las nuevas propuestas epistemológicas recuperan el origen dialógico del conocimiento; de un diálogo entre el pueblo, el sentido común y la ciencia, entre la profesión, la praxis y la experiencia. Nuevamente, se cuestiona la relación de poder autoridad:

> *"El concepto de descubrimiento, guarda una idea de relación de poder con saber, es descubridor quien tiene mayor poder y saber y por lo tanto, capacidad de declarar al otro como descubierto. Es la desigualdad del poder y del saber la que transforma la reciprocidad del descubrimiento en apropiación del descubierto. En este sentido, todo descubrimiento tiene algo de imperial, es una acción de control y sumisión".* (Sousa Santos, 2009: 213)

Autores provenientes de la llamada investigación -militante, como Salete (citado en Zibechi, 2007), recuperan precisamente el carácter colectivo y plural del proceso creativo, la dependencia de la investigación de la reflexividad de las prácticas que alcanzan los sujetos que acceden y participan en su proceso colectivo de construcción del conocimiento. En definitiva, del potencial transformador o político de una "acción", que en el sentido arendtiano, no puede tener lugar en el aislamiento, sino en un mundo que ya estaba antes y que continua después, en el cual el investigador y el conjunto de sujetos que participan de la construcción de conocimiento ponen en movimiento más de lo podían prever. En este sentido, además, los resultados de la práctica de investigación son claramente ilimitados e impredecibles en sus consecuencias y representan el inicio de una cadena de acontecimientos capaz de hacer aparecer lo "inédito".

Nuevamente, se pone de relieve la premisa de que los/as sujetos no son objetos del orden social, sino sujetos políticos; en tal sentido, los procesos de construcción de conocimiento, particularmente las experiencias de investigación darían lugar a la construcción de resistencias y nuevas subjetividades alternativas a la dominante. Además, la centralidad de las resistencias como parte de la investigación, inaugura la figura del Militante Investigador o la construcción del investigador militante, cuya pretensión está centrada en el desarrollo de una labor a la vez teórica y práctica, orientada a coproducir los saberes con los/as sujetos en sus vidas cotidianas, en las luchas que despliegan a diario, recuperando los problemas que padecen; mientras que en el canon hegemónico, la ciencia parece no tener relación con los sentimientos, la emoción, el arte, etc. Esta deberá sostenerse, como afirmáramos anteriormente, en las técnicas sólidas y rigurosas de investigación, en una teoría que a modo de "corset" circunscribe las posibilidades de la observación, de las relaciones posibles de ser realizadas y las inducciones avaladas. En tanto que, las propuestas alternativas remiten no sólo al constructo teórico aislado, sino que enfatizan la explicitación de sus relaciones con la manera de pensar que el investigador va construyendo sobre el mundo cotidiano, el sentido común, las representaciones colectivas, etc. (Sirvent, 2004)

Frente a la existencia de conocimientos alternativos, prácticas políticas subalternas y experiencias de vida contra hegemónicas, que se desarrollan en las periferias del poder y que en tal sentido desafían al statu quo, Santos (1999) sostiene la necesidad de una teoría social que recupere las experiencias no valoradas y los conocimientos silenciados, a partir de una nueva racionalidad que valore las diferentes formas de vida que existen, saberes y experiencias que se encuentran activamente ignoradas por la racionalidad dominante.

Finalmente, para la investigación tradicional, el contexto de aplicación del conocimiento, debe ser de carácter universal, su relevancia no está ligada a hechos singulares o aislados, sino que debe dar cuenta de la estructura general de lo real. Por oposición, Santos (1999) sostiene que debemos construir un conocimiento impregnado de identidad, interés por la realidad latinoamericana: *"Nuestro lugar es hoy un lugar multicultural, un lugar que ejerce una constante hermenéutica de la sospecha contra supuestos universalismos o totalidades"* (Santos, 2002: 27) Coincidentemente, los feminismos postcoloniales afirman que quien conoce es alguien que está en una determinada posición o circunstancia. El conocimiento no se genera desde un no lugar, ni es universal, son sus compromisos con valores y proyectos (antiautoritarios, antielitistas, participativos, emancipadores) que aumentan la pretendida "objetividad" de la ciencia.

En la forma de hacer ciencia tradicional, la cualidad del conocimiento se mide por lo que este controla, valida o hace funcionar en el mundo exterior. Se trata de un tipo de conocimiento reconocido por la capacidad de dominar y por su despreocupación por la capacidad de comprender profundamente lo real. De esta manera, sostiene Santos (2009), privilegian cómo funcionan las cosas en desmedro de cuál es el agente o cuál es el fin de las mismas, en una decodificación de lo social donde el espacio de la solidaridad es semantizado como caos y el colonialismo como orden. En cambio el conocimiento emancipador no pretende reducir la realidad a lo que existe sino que busca crear un campo de posibilidades alternativas a lo empíricamente dado; trasladando el foco de su interés del espacio de la productividad a los ámbitos donde las relaciones de poder y dominio son invisibilizadas: como los espacios domésticos, la familia, las relaciones sociales entre pares, y todo aquello que se denomina del ámbito "privado".

TERCER APARTADO: PROPUESTAS DIFERENCIADAS DE INVESTIGACIÓN

En el esfuerzo de repensar la práctica de investigación o de producción de conocimiento, describimos un sendero en el que convergen las experiencias y reflexiones de diversos/as pensadores/as: Fals Borda, Rojas Soriano, Zibechi y Colectivo Situaciones; por su carácter alternativo a la formas establecidas de construcción de saberes, y creativo, en relación a las oportunidades que ofrece el reconocimiento del encuentro cotidiano con el/la otro/a como irrupción de un estado de cosas.

Fals Borda: la investigación, una instancia de construcción colectiva

Orlando Fals Borda, es un pensador latinoamericano, quien por la década de 1970 fue unos de los pioneros y referentes en lo que respecta a la propuesta de Investigación Acción Participativa [IAP]. La radicalidad de la misma consistía en que demandaba que el/la investigador/a abandonara las decisiones unilaterales acerca del diseño, el lugar y el momento u oportunidad de su investigación, construyendo un proceso de investigación en horizontalidad, abriéndose al diálogo con los/as otros/as sujetos que participan del proceso. Desde esta óptica, el desafío sería construir vínculos sólidos con las personas que forman parte de la investigación, a partir de los cuales se consolide un colectivo capaz de generar procesos de transformación mediante una dinámica dialéctica de reflexión-acción.

Para esto, el autor señala que debe hacerse un gran esfuerzo para comprender colectivamente la situación histórica y social en la que se enmarca el proceso de investigación: la realidad que apremia la cotidianeidad de los/las sujetos, que es la fuente de praxis, de reflexión y de conocimiento. Uno de los pilares centrales alrededor del cual se cristaliza este paradigma alterno es la posibilidad de crear y poseer conocimiento científico en la propia acción que el colectivo desarrolla: la investigación social y la acción política pueden sintetizarse e influirse mutuamente en pos de lograr una comprensión crítica y compleja de la realidad.

Decanta de lo afirmado que: el criterio de "corrección" del pensamiento es la realidad; el último criterio de validez del conocimiento sería la praxis (unidad dialéctica formada por la teoría y la práctica, la acción y la reflexión) y, la necesidad de construir a partir de la horizontalidad las relaciones entre los/as investigadores/as y las personas o sus organismos con los cuales se desarrolla la labor política, para pensar colectivamente desde la complejidad (Fals Borda, 1979). El sentido común entendido como saber popular, para el autor, debería ser la plataforma inicial de las investigaciones, en tanto es reflejo inmediato de los problemas socioeconómicos regionales y sus prioridades.

Hasta aquí, la investigación se define como una actividad de transformación de lo existente que, en tanto lugar de formación y cooperación diferenciada, es al mismo tiempo producción de un conocimiento diferente, experimentación de prácticas organizativas y espacio de re-subjetivación. El entendimiento de la praxis como elemento definitorio de la validez del trabajo en el territorio es central en tanto viabiliza la construcción de un conocimiento científico que sería producto de la propia acción de los sujetos, pasando éste a ser patrimonio general de los "grupos de base" y particular de la ciencia social crítica. Fals Borda (2009: 284) afirma: "(...) la investigación activa no se contenta con acumular datos como ejercicio epistemológico, que lleve como tal a descubrir leyes o principios de una ciencia pura, ni hacer tesis o disertaciones doctorales, porque sí. Ni tampoco investiga para propiciar reformas, por más necesarias que parezcan, o para el mantenimiento del statu quo. En la investigación activa se trabaja para armar ideológica e intelectualmente a las clases explotadas de la sociedad, para que asuman consciente-mente su papel como actores de la historia. Éste es el destino final del conocimiento, el que valida la praxis y cumple el compromiso revolucionario". En tal sentido, resulta primordial tener en claro como investigador/a: con quién, cómo, para qué y desde dónde se trabaja.

Rojas Soriano: historización y compromiso en la investigación

A fines de la década de noventa, Rojas Soriano intenta sistematizar sus experiencias en el campo de la investigación militante, en este contexto destaca que "…la investigación es un proceso socio-histórico puesto que la selección de los temas objeto de estudio, la forma de abordar el análisis de la realidad concreta y el uso de los resultados del quehacer científico dependen de las circunstancias sociales, económicas, político-ideológicas en las que se efectúa el trabajo". (Rojas Soriano, R, 1999: 7)

En este sentido, las decisiones en torno de la metodología de investigación no son asépticas, sino que están determinadas por tres aspectos centrales: 1. Los objetivos que traten de alcanzarse; 2. del marco político-ideológico en el que se desenvuelve la institución donde se efectúa el trabajo de investigación; 3. formación académica e inquietudes intelectuales así como de la posición política e ideológica del investigador. (Rojas Soriano, R, 1999: 9) Estos tres elementos van a conformar la perspectiva teórica de la investigación, y determinan la manera de acercarse al "objeto" de estudio y, consecuentemente, el tipo de solución que se formule para resolver los problemas planteados: "la metodología de investigación tiene que ubicarse dentro de determinada perspectiva teórica…" (Rojas Soriano, R, 1999: 24).

Según Rojas Soriano, continúa vigente la posición hegemónica del positivismo como fruto del carácter conservador del ámbito académico científico; la búsqueda de conocimientos objetivos que sirvan para guiar acciones tendientes a mantener el orden establecido e inhibir los conflictos sociales es lo que motiva las investigaciones. En este contexto, se pregunta: "¿cómo lograr entonces, realizar investigaciones que escapen de la influencia de la ideología dominante y puedan servir de base para lograr una verdadera práctica de transformación social? (...) la ideología dominante está presente en todas las esferas de la vida social, económica, política, cultural e intelectual; el científico no puede sustraerse (...) tiene que conocer a fondo cómo surge y se manifiesta la ideología dominante a nivel de toda la sociedad y del trabajo científico en particular. Para ello debe ir tomando plena conciencia de la situación histórica y oponer a la ideología dominante una que refleje los intereses y aspiraciones de las clases mayoritarias hoy dominadas por el capital". (Rojas Soriano, R, 1999: 62)

Para responder a esta inquietud el autor adhiere a la investigación militante[1] como una propuesta para el cambio social, en tal sentido, establece que el/la investigador/a debe estar comprometido/a con las "clases desposeídas". Es decir, con la investigación no se busca recabar hechos aislados intentando ocupar una posición "neutral", sino que "el método de la investigación militante tiene como premisa fundamental la exigencia teórica-histórica de que el[/la] investigador[/a] se incorpore activamente a la realidad social que estudia a fin de poder conocer las diversas contradicciones y elementos esenciales (...) conociendo con los miembros de la comunidad, los problemas principales y jerarquizándolos conjuntamente con la población. Aquí la actitud ya no es la de un ser superior que en la medida que sabe más que la gente del pueblo se sitúa por encima de ella." (Rojas Soriano, R, 1999: 67-68)

No obstante, el autor demanda que el/la investigador/a tome conciencia de "...la importancia de la investigación social como medio para producir verdades científicas que orienten la práctica social..." (Rojas Soriano, R, 1999: 63). Así, si bien en sus desarrollos subestima los mandatos vinculados al "necesario" distanciamiento del investigador/a respecto a su "objeto", Rojas Soriano mantiene la idea de la construcción del conocimiento científico como el saber legítimo.

Zibechi: Investigación en movimiento

A la luz de un nuevo ciclo de resistencias protagonizado por organizaciones y subjetividades que encuentran límites en las matrices analíticas propuestas por las corrientes europeas sobre acción colectiva, así como en las nociones construidas en torno a la política y lo social; para Raúl Zibechi se hace necesario crear un nuevo lenguaje, nuevos conceptos para acompañar las sociedades en marcha.

Entonces, el autor concibe a la sociedad como un sujeto colectivo en movimiento, donde las relaciones sociales son permanentemente reconstituidas por los actores políticos que las conforman. La clave se centra en recuperar las experiencias de lucha que se han ido fundando en la cotidianidad de las personas, rescatando su carácter creador y autónomo, así como reflexionando y evaluando permanentemente todo lo que sucede (Zibechi, 2007:34).

Asumir la cotidianeidad que construyen diariamente las personas como un espacio de transformación, para el autor, supone vislumbrar y valorar las acciones espontáneas o incompletas que la conforman: "…es en el sótano de nuestras sociedades donde se ha aprendido a vivir a pesar del capitalismo, e incluso a construir modos de vida más allá del modelo de civilización dominante" (Ocampo y Otro citado en Zibechi, 2007: 11). En este marco, el desafío de la investigación como herramienta de lucha social sería "…revelar aspectos de las prácticas sociales que muestran sentidos emancipatorios, en la convicción de que la emancipación es siempre un proceso que, como todo proceso, es siempre incompleto: tránsito inconcluso, caminar que nunca llega a destino. ¿Por qué? Porque la emancipación no es un objetivo sino una forma de vivir. Ni más, ni menos." (Zibechi, 2007: 57)

Además, se trata de convertir espacios y prácticas en "espacios pedagógicos de aprendizaje colectivo". El autor asume que este hecho es "un cambio revolucionario" respecto a cómo entender la educación y también a la forma de entender el movimiento social. Considerar al «movimiento social como principio educativo» (Salete en Zibechi, 2000: 204), supone que deja de haber un espacio especializado en la educación o la construcción de conocimiento y una persona encargada de la misma o poseedora del saber; "…todos los espacios y todas las acciones, y todas las personas, son espacio-tiempos y sujetos pedagógicos…" (Zibechi, 2007: 31). Entendida de este modo, la educación "no tiene fines ni objetivos, más allá de re-producir el movimiento de lucha (…) por un mundo nuevo, lo que supone producir seres humanos». En suma, «transformarse transformando» es el principio pedagógico que guía al movimiento (Salete en Zibechi, 2000: 207)"

Sin embargo, este proceso de (auto) educación en movimiento solo es posible si se construye un clima social emancipatorio y relaciones entre las personas que escapen a los mecanismos individualistas, de competencia jerárquico-patriarcales que naturaliza el capitalismo. Dicha construcción no es una tarea sencilla; ya que, como advierte el autor, "…la emancipación no admite recetas ni modelos, es un proceso siempre inacabado que hay que experimentar por uno mismo. (…) La idea guía es que 'sólo se emancipa por sí mismo' pero si en un espacio-tiempo existe un clima signado por la lógica de emancipación y no por la lógica de 'los primeros de la clase' (…) creado por la actividad colectiva de los movimientos sociales que son, en definitiva, el 'hogar de la gente común'" (Zibechi, 2007: 33)[2]

En este marco, "…la tarea principal para los/as investigadores activistas en la actualidad es la sistematización y 'visibilización' de las teorías emancipatorias que sostienen estas luchas sociales, en la práctica de la resistencia contra el capitalismo neoliberal" (Zibechi, 2007: 10); así como, comprender el cambio social, en tanto proceso paulatino y colectivo que se va generando en y desde lo cotidiano, porque "...sólo comprendiendo el sentido de las prácticas sociales reales, (...) podremos contribuir a potenciarlas y expandirlas. Comprender es un acto creativo [...y] La creación es una práctica social, individual y colectiva, que supone ir más allá de lo que existe" (Zibechi, 2007: 58)

Pero, al educador, al investigador o al militante, no sólo se le exige compromiso, sino algo más: "«sujetarse al control social de la colectividad 'investigada'»" (Rivera, 1990). El compromiso, a menudo una relación instrumental, deja su lugar al vínculo afectivo, que permite que el investigador se deje modificar y controlar, por el movimiento" (Zibechi, 2007: 61).

Colectivo Situaciones: la investigación situada

En el marco de una "situación" de cuestionamiento de la representación política (Argentina pos 2001), que se describe como crisis de la función enmascaradora de lo político y, al mismo tiempo, como liberación de la política en el rostro del acontecimiento, un colectivo de investigadores militantes de Buenos Aires en diálogo con el Movimiento de Trabajadores Desocupados de Solano, describe su práctica como una investigación autónoma que pretende indagar en una nueva forma del compromiso; como un modo de habitar y producir en las nuevas condiciones que se viven: "Vivimos en las luchas actuales el surgimiento de una forma de pensar la emancipación según la cuál, en primer lugar, se trata de tener muy en claro qué es lo que ya no se quiere" (MTD Solano y Colectivo Situaciones, 2002: 97)

Esto se traduce claramente en una redefinición del método y de las relaciones intersubjetivas en el campo de la intervención: "La manera de revertir esta situación [la dependencia] es la socialización de los conocimientos, por eso trabajamos con la educación popular. Se crean ámbitos donde todos los compañeros van desarrollando su talento, sus virtudes, sus aportes, en una infinidad de responsabilidades." (MTD Solano y Colectivo Situaciones, 2002: 44)

Parten de una crítica al "exterior, enjuiciador y objetualizante" de las formas que normalmente asume la investigación universitaria y establecen cuatro condiciones que, a diferencia de las formulaciones generales de Rojas Soriano, marcan claramente el compromiso político de la investigación: "a) El carácter de la motivación que sostiene la investigación; b) el carácter práctico de la investigación (elaboración de hipótesis prácticas situadas); c) el valor de lo investigado: el resultado de la investigación sólo se dimensiona en su totalidad en situaciones que comparten tanto la problemática investigada como la constelación de condiciones y preocupaciones; d) su procedimiento efectivo: su desarrollo es ya resultado, y su resultado redunda en una inmediata intensificación de los procedimientos efectivos." (MTD Solano y Colectivo Situaciones, 2002: 13-14)

La deconstrucción de las tendencias objetivantes en la investigación implican necesariamente la autoreflexión del/a sujeto que investiga; así, "[la investigación como] actividad no pueda existir sino a partir de un trabajo muy serio sobre el colectivo mismo de investigación; es decir, no puede existir sin investigarse seriamente a sí mismo, sin modificarse, sin reconfigurarse en las experiencias de las que toma parte, sin revisar los ideales y valores que sostiene, sin criticar permanentemente sus ideas y lecturas, en fin, sin desarrollar prácticas hacia todas las direcciones posibles" (MTD Solano y Colectivo Situaciones, 2002: 15).

Los puntos de convergencia, donde los caminos de los autores no solo se encuentran sino que se potencian en el repensar la práctica de investigación son, en términos generales, la centralidad de la praxis como momento de definitorio del proceso de investigación y la horizontalidad de las relaciones intersubjetivas que lo constituyen. Cada uno, no obstante, enfatiza en diferentes dimensiones a ser consideradas en el esfuerzo por redefinir las prácticas hegemónicas: el potencial transformador de la construcción de conocimiento o su carácter "activo" (Fals Borda); el necesario carácter histórico y situado de los procesos de investigación (Rojas Soriano); el proceso creativo que deviene de las constante variaciones de las relaciones sociales (Zibechi) y la oportunidad que la investigación ofrece para la redefinición de los compromisos a partir de los cuales se construye el saber legitimo, en tanto colectivo (Colectivo Situaciones).

CONCLUSIONES

Los autores recogidos a lo largo del artículo han sembrado aportes tendientes a transformar tanto el sentido como la norma de "hacer" investigación. Tomando como clave el desafío de la construcción colectiva de espacios de liberación/emancipación de las personas, estado que se constituye como horizonte del cual emerge el conocimiento y la interpelación constante que da cuenta de la complejidad de lo que podríamos denominar un proceso de "emancipación en la ciencia": la liberación de aquellos presupuestos positivistas que la asfixian y deshumanizan. De esta manera, se nos plantea la necesidad apremiante de que el conocimiento se centre en una forma de construcción que posibilite intervenir en lo real para transformarlo.

En este sentido, "lo real" refiere a la vida cotidiana de las personas, la esfera del llamado sentido común, como ámbito relevante y legítimo de producción de conocimiento; considerando que no hay racionalidad escindida del sentido común. Así como los/as otros/as sujetos, también el investigador/a interpreta los eventos que llaman su atención y que son significativos a partir no sólo de sus categorías y sino también de los "lugares comunes" de la vida cotidiana. Por eso, como afirmáramos a lo largo del capítulo, la labor científica no es aséptica, sino que está permeada por la vida cotidiana y sus presunciones de normalidad. Así, una investigación que no tiene anclaje en la vida cotidiana parte de una concepción "heroica" del mundo que resulta indiferente a los intereses y necesidades de las personas y a las modificaciones moleculares, casi imperceptibles, que van trasformando lo que consideramos normal y natural. (Lechner, 1984)

Consideramos entonces, que la investigación es un proceso que parte de la vida diaria y, que es llevada adelante a través de una conjunción de saberes; donde el investigador/a no ocupa un lugar privilegiado de poder, asociado a su supuesta facultad de concentrar en su objeto de investigación el único foco de reflexión, sino que es al mismo tiempo sujeto y "objeto" de la propia investigación; al experimentar directamente el efecto del trabajo. De allí, que el/la investigador/a no es neutro/a, ya que el conocimiento es pensamiento que se construye necesariamente situado, implicado y como parte.

El desafío de los/as investigadores/as, después de más tres décadas continúa siendo "abandonar los círculos de seguridad" (Freire), o como actualmente plantea Santos, generar un conocimiento permanentemente auto-reflexivo y crítico, que recupere aquellos conocimientos que han sido dejados de lado por pertenecer a otras culturas y/o a sectores sociales subalternos. Esto es, superar las tensiones existentes entre un supuesto saber erudito, validado en criterios exógenos, y uno ignorante o común, asociado al saber popular, a partir de la co-construcción de conocimiento que deviene del diálogo de saberes como eslabón necesario del proceso emancipatorio.

En ese sentido, quisiéramos reforzar que la producción del conocimiento no pasa, por tanto, por la novedad en términos de "descubrimiento", sino por la recuperación de la historicidad y la intersubjetividad de los procesos de indagación sobre la realidad y por la relevancia social que el proceso investigativo y sus resultados puedan tener, particularmente para los sectores con quienes trabajamos.

Finalmente, cabe dejar explícito aquí, que el espíritu del trabajo no ha sido encontrar argumentos que permitieran fortalecer el carácter meramente "científico" de la investigación, sino más bien correr el eje del debate poniendo en el centro de la cuestión el potencial emancipador del conocimiento que se construye colectivamente en la práctica de la investigación, es decir, la utilidad social del mismo. Como afirmamos a lo largo del trabajo, nadie individualmente tienen el poder o facultad de liberar a otros/as, sino que, todas las personas pueden integrarse activamente en procesos colectivos que den cuenta de esto. Así, a modo de cierre provisorio y con la intención de seguir motorizando la reflexión colectiva, pensamos que quienes quieran llevar adelante un proceso de investigación deberían iniciar la tarea preguntándose: ¿con quienes construimos la investigación? ¿Qué queremos transformar con la misma? ¿Desde qué posición estamos pensando esta construcción de conocimiento? ¿Qué tiene que ver mi persona con aquello que nos proponemos investigar?

Parafraseando a Paulo Freire hablamos de investigar para la libertad. Esto es formarnos como investigadores/as que aporten a los procesos de emancipación, asumiendo el compromiso de colectivizar la producción y disponibilidad del conocimiento, de buscar los intersticios cotidianos que permitan filtrar nuevas formas de relacionamiento en la producción de conocimiento. Para esto, dialogar con los/as sujetos de la intervención desde la igualdad es insoslayable, la misma debe estar presente desde el comienzo y no solo como una meta u objetivo a conseguir.

BIBLIOGRAFÍA

BALBO, O; BIANCO, A (2006). "La construcción de la propia experiencia". En: Freire, P. *El grito manso*. Siglo XXI Editores, Buenos Aires.

CAPOTE, S (2008).Hacia una praxis revolucionaria. Disponible en: http://www.aporrea.org/ideologia/a59674.html.

CONTI, A. y BORIO, G. (2004). *Nociones comunes, experiencias y ensayos entre investigación y militancia. Traficantes de Sueños Útiles*. Madrid.

FALS BORDA, O (1979). El problema de cómo investiga la realidad para transformarla. Tercer Mundo. Bogotá.

FREIRE P (2002). *Pedagogía del Oprimido*. Siglo XXI. Argentina.
(2005). *Conscientização: teoria e prática da libertação*. Centauro Editora. São Paulo.
(2009). *Pedagogía de la Esperanza*. Siglo XXI. Argentina.

HORKHEIMER, M (1976). *Eclipse da Razão.* Labor do Brasil. Rio de Janeiro.

KLIMOVSKY, G E HIDALGO, C (s/d). *La inexplicable sociedad. Cuestiones de epistemología de las ciencias sociales*. A-Z Editora. Buenos Aires.

LECHNER, N (1988). *Los patios interiores de la democracia. Subjetividad y Política*. FLASO. Santiago de Chile
(1984) *¿Qué significa hacer política?* FLACSO. Santiago de Chile.

MTD SOLANO Y COLECTIVO SITUACIONES (2002). *La hipótesis 891. Más allá de los piquetes*. Mano en Mano. Buenos Aires.

PEYLOUBET, P. *(2010): Democracia Cognitiva. Construcción, debate y operacionalización del pensamiento colectivo*. Documento en prensa UFAUD-UNC. Córdoba - Argentina

ROJAS SORIANO, R (1999). *Teoría e investigación militante*. Plaza y Valdés. México.

SANCHEZ VASQUEZ, A. (2003). *La filosofía de la praxis*. Siglo XXI. México.

SANTOS, B. de Sousa (2002). *A crítica da razão indolente: contra o desperdício da experiência*. Cortez. Sao Paulo.
(2009). *Epistemología del Sur*. Siglo XXI. México.

SIRVENT M. T. (2004). "La investigación social y el compromiso del investigador: contradicciones y desafíos del presente momento histórico en Argentina" .En *Revista del Instituto de Investigaciones en Ciencias de la Educación Facultad Filosofía y Letras* – UBA Año XII, Nro. 22. Pp. 64 a 75. Disponible en: http://api.ning.com/files/5eTuV6UA*HigDRR0RvhX7AIeg3bWm4q5sGapbr1VLGw_/SIRVENTLainvestigacinsocialyelcompromisodelinvestigadorVersinFinalIICE.pdf

ZIBECHI, R (2007). *Autonomías y emancipaciones. América Latina en movimiento.* Lima, Fondo Editorial de la Facultad de Ciencias Sociales. Perú.

VASILACHIS DE GIALDINO. I (1992). *Métodos Cualitativos I. Los problemas Teórico epistemológicos.* Centro Editor de América Latina, Buenos Aires.
(2007). "El aporte de la epistemología del sujeto conocido al estudio cualitativo de las situaciones de pobreza, de la identidad y de las representaciones sociales". En: *Forum Qualitative Social Researchs* Volumen 8, No. 3, Art. 6
Disponible en: http://www.ceil-piette.gov.ar/areasinv/metcuali/metcuali.html

NOTAS

[1] Identificada por el autor como una corriente latinoamericana que nace a mediados de los 70′ cuestionando fuertemente los planteamientos teóricos-metodológicos importados desde Europa y Estados Unidos. Reconoce la realidad de explotación y miseria de la región y la relevancia de los diferentes movimientos sociales que surgen en el continente como elemento cruciales para repensar una nueva base conceptual que guiados por el compromiso social se oriente a transformar la realidad latinoamericana; "se trata, en síntesis, de que las ciencias sociales ya no sirvan en América Latina a los intereses imperialistas y oligárquicos, sino que se conviertan en ciencias que analicen la problemática latinoamericana desde una perspectiva teórica distinta, a fin de generar un conocimiento crítico que permita la concientización de los individuos sobre su realidad socio-histórica y sirva para guiar la lucha contra la dominación y la explotación de clases trabajadoras." (Rojas Soriano, R, 1999: 67)

[2] Zibechi (2007) considera que para lograr este clima emancipatorio es necesario trabajar la organización del movimiento como un entramado de vínculos afectivos; lo que supone abandonar la idea hegemónica de las corrientes de izquierdas de entender a la organización como un instrumento para conseguir fines

Proceso Comunicacional Interactoral: Consideraciones Hacia un Abordaje de Categorías Fundamentadas

Cejas, Noelia

INTRODUCCIÓN

El análisis del proceso comunicacional, desde una estrategia metodológica de teoría fundamentada, supone que las categorías que lo describen y/o explican provienen de la observación de la experiencia empírica. Sin embargo, sería difícil sostener que la observación de tales experiencias se produce desde una mirada aséptica, neutral, vacía de conceptos.

El presente trabajo pretende dar cuenta de los conceptos desde los que se comprenden las prácticas de co-construcción interactoral de tecnología social, los cuales representan el sustrato sobre el cual se apoya el reconocimiento de los procesos comunicacionales que dinamizan aquellas prácticas. Sin embargo, vale reconocer que tales conceptos constituyen la posición inicial de observación, por lo tanto está sujeto a las transformaciones que surjan del trabajo de campo, con la premisa de hacer primar lo que revele la observación antes que supeditar lo observado a una teoría interpretativa. En ese sentido, el sistema conceptual que se señala es flexible, aún esquemático y modificable.

DE LA EXPERIENCIA QUE SE OBSERVA Y EL VALOR DE APLICAR LA ESTRATEGIA METODOLÓGICA ELEGIDA.

El trabajo de campo toma lugar en la ciudad de Concordia, provincia de Entre Ríos. En esta región se desarrolla una experiencia de co-construcción interactoral de tecnología social, un tipo de experiencia que implica la articulación de actores de diversos sectores (político, productivo y académico) en pos del desarrollo de tecnología social.

En un esfuerzo de síntesis, se dirá que la noción –compleja– de co-construcción interactoral de tecnología social pretende operativizar una perspectiva no determinista tecnológica, reconociendo el rol decisivo de los actores intervinientes en lo referido al desarrollo de tecnología, un tipo de fenómeno en el que se manifiestan diversas dimensiones: lo macro, es decir el plano de las institucionalidades, entendidas aquí como aquellas normativas que rigen los rituales o prácticas sociales; lo meso, que en este análisis implica aquellos procesos que pueden reproducir el orden vigente, institucionalizado, tanto como introducir transformaciones, siendo esto último lo que las prácticas de co-construcción interactoral pretenden; lo micro, es comprendido aquí como la instancia específica de aplicación o uso del producto tecnológico por parte del o los sujetos. Todas estas dimensiones se consideran constitutivas del fenómeno, aunque en este texto interesan especialmente los procesos comunicacionales que dinamizan las prácticas de co-construcción interactoral.

Específicamente, la experiencia que se aborda propone la articulación de diversos actores locales en un circuito de producción de viviendas con base en un recurso natural local (la madera de eucalipto) proponiendo la diversificación de su uso (en nuevas dinámicas socio-económicas) en el marco de una propuesta habitacional. Dicha práctica comporta un proceso participativo, de todos los actores implicados, a fin de proponer las particularidades del artefacto-vivienda tanto como del proceso de desarrollo y producción del mismo. Ese proceso participativo implica la complementariedad de saberes diversos, tanto teóricos como prácticos, propios del acervo de cada uno de los actores: productores (constructores, carpinteros, productores forestales, aserradores), académicos (arquitectos, trabajadores sociales, biólogos y comunicadores sociales) y funcionarios públicos (miembros de la Dirección de Vivienda y de la Subsecretaría de Producción y Trabajo).

La lógica participativa implica uno de los aspectos centrales de la experiencia, ya que en esta dinámica se asumen enfoques diferentes a las lógicas que convencionalmente se advierten en escenarios de este tipo: los funcionarios públicos asumen la participación en una experiencia que dista de prácticas asistencialistas; los actores productores asumen una dinámica participativa de definición de las posibilidades, alcances y acciones del circuito productivo de vivienda; los actores académicos asumen el reconocimiento y la participación en una práctica que dista de producir transferencias de tecnologías, proponiendo un acercamiento epistémico dialógico con los actores locales.

De este modo, la comunicación constituye una dimensión de la práctica que se analiza, tanto como una perspectiva desde donde analizar el proceso. Y en ese sentido, los aportes de Boaventura de Sousa Santos pueden aportar conceptos para la comprensión de la práctica que se analiza, a la vez que aporta los primeros elementos para el abordaje de los procesos comunicacionales.

APORTES DE BOAVENTURA DE SOUSA SANTOS

Santos (2009) introduce una perspectiva epistemológica que invita a pensar las condiciones de un paradigma de transición, que emerge del reconocimiento de saberes diversos, silenciados por los modos hegemónicos[1] de construcción de saber: científico, occidental, moderno. En ese sentido, vale referenciar brevemente la propuesta del autor para luego señalar específicamente los aspectos conceptuales que interesa recuperar.

La alternativa planteada por el autor implica una nuevo tipo de racionalidad, la cual debe perseguir el propósito de reconocer y recuperar la pluralidad de experiencias que actualmente son desperdiciadas; esto lo sintetiza en una expresión: "expandir el presente y contraer el futuro". El requisito de expandir el presente, denominada Sociología de las Ausencias, requiere de dos momentos, la deconstrucción y la reconstrucción. Deconstruir es aquí un modo de identificar los modos de producir no-existencia, plasmados en las monoculturas del saber, del tiempo lineal, de la clasificación social, de la escala dominante y de la lógica productivista; reconstruir esas realidades negadas implica sustituirlas por cinco ecologías: de los saberes, de las temporalidades, de los reconocimientos, de las transescalas y de las productividades. Contraer el futuro se transforma en un factor de ampliación del presente, y lo señala como un futuro de posibilidades, construidas en el presente, siendo este el campo de la Sociología de las Emergencias. Para fundamentar esto recurre a los aportes del filósofo Ernest Bloch, y la noción de *noch nicht* ('no aun', o 'todavía no'), y atribuye al futuro el escenario de lo posible, de modo que *noch nicht* es el modo en que el futuro se inscribe en el presente, aunque no sea más que de un modo opaco, parcial, pero nunca neutro (2009:128).

Boaventura de Sousa Santos considera que las alternativas que caben en el horizonte de posibilidades concretas, merecen ser investigadas, tanto en el campo de las experiencias disponibles como el campo de las experiencias sociales posibles; así, la sociología de las ausencias y la sociología de las emergencias se encuentran estrechamente vinculadas. Los campos donde la multiplicidad y la diversidad se revelan con mayor intensidad, señala el autor, son: el campo de experiencias de conocimiento; el de experiencias de desarrollo, trabajo y producción; experiencias de reconocimiento, el de experiencias de democracia y el de experiencias de comunicación e información; cada uno de estos campos supone un espacio de diálogo y conflictos posibles entre las diversas experiencias que se reúnen (2009:133).

La posibilidad de que diversas experiencias, disponibles y posibles, sean puestas en diálogo requiere de un proceso complejo, aquello que el autor denomina *traducción*. Y es justamente este concepto el que interesa recuperar para la comprensión de los procesos de co-construcción interactoral de tecnología social. El autor sostiene que la tarea de traducción se propone crear inteligibilidad reciproca entre las experiencias de mundo, por lo que este procedimiento incide tanto sobre los saberes como sobre las prácticas (y sus agentes).

La tarea de traducción implica un trabajo de interpretación entre diferentes experiencias de mundo, con el objetivo de identificar preocupaciones isomórficas y de poner en diálogo las diferentes respuestas que proporcionan (2009:136-137). El principio heurístico de esta tarea es el de la incompletud de todo saber, y ante el reconocimiento de las propias limitaciones ("la docta ignorancia"), se abre la posibilidad de un movimiento de apertura al diálogo con otros saberes, también incompletos, pero quizá complementarios en algún sentido.

El concepto central sobre el que se sustenta la traducción es el de *zona de contacto* y se refiere a campos sociales donde diferentes mundos de vida (normativo, prácticas, conocimientos) se encuentran, chocan, interactúan. En una situación concreta de traducción, se define el campo de experiencia que se abordará, a partir de los saberes (y agentes) que entran en diálogo, en interacción. Santos señala además que este diálogo de saberes (interpelación, cuestionamiento, evaluación, etc) no se produce en una actividad intelectual abstracta, sino en el contexto de prácticas sociales constituidas y/o por constituirse, cuya dimensión epistemológica es una entre otras, y es de esas prácticas que emergen preguntas, espacios de vacancia o fronteras, que permiten articular los saberes en presencia. La superioridad de un saber sobre otro deja de ser definido por el grado de institucionalización y profesionalización, para pasar a ser definida por la contribución pragmática que dicho saber arroja sobre el campo de experiencia que reúne a los agentes. Esta dislocación pragmática de las jerarquías no diluye la asimetría, pero permite nuevas relaciones que se ajustan a un escenario concreto (2010:71).

Lo antes dicho permite pensar en la posibilidad de comprender las prácticas de co-construcción interactoral de tecnología social como una experiencia de traducción, y sobre esa primera comprensión, reflexionar en torno a los procesos comunicacionales que la dinamizan.

CONSIDERACIONES PARA EL ANÁLISIS DE LA EXPERIENCIA EMPÍRICA

La propuesta de Santos, si bien es un modelo contrafáctico, realiza una apuesta respecto a la posibilidad de producir transformaciones sobre el orden vigente, y en ese sentido, ve a la traducción como un modo de acercarse a nuevas posibilidades, que se manifiestan en los intersticios de diversas experiencias de mundo puestas en común.

No obstante Santos propone la práctica de traducción pensando especialmente en la posibilidad de acercar dos, o más, concepciones culturales, no niega la posibilidad de pensar una traducción entre agentes que comparten una visión de mundo determinada. La experiencia de co-construcción interactoral que se aborda contiene a agentes que comparten una misma matriz cultural, entendiendo por ello al contexto común en el que se desarrolla la práctica. Dado esta condición inicial, y más allá de lo propuesto por Santos, es factible proponer una mirada hermenéutica que permita comprender el sentido de los saberes puestos en común a partir del contexto, el cual permite reconocer los marcos de producción de esos sentidos.

Por otra parte, vale señalar aquí que la definición de traducción que Santos introduce implica la mutua inteligibilidad de experiencias de mundo, mientras que la perspectiva de co-construcción pretende además alcanzar un resultado, la tecnología social, con base en los saberes que aportan cada uno de los actores intervinientes.

Si aceptamos que los procesos de co-construcción interactoral de tecnología social pueden ser definidos como una práctica de traducción, podemos reconoce algunas categorías analíticas que lo componen:

La o las temáticas que reúnen a los agentes en ese tiempo y lugar, las cuales podrán ser reconstruidas en los términos en que son planteadas. Esto se puede reconocer en dos planos: un plano general, sobre aquellas problematizaciones isomórficas que los agentes manifiestan, y un plano específico, puesto de manifiesto en cada encuentro que se analice, donde se podrán reconocer los campos de experiencia de los agentes que interactúan.

Asimismo, reconocer los campos de experiencia puestos en el marco de la temática general del encuentro permitirá reconocer las zonas de contacto entre las experiencias. Esto podrá ser identificado a través de las manifestaciones que los agentes planteen respecto a la incompletud de su propio saber y del puente que estas manifestaciones trazan hacia los saberes de otros agentes.

Por otra parte, se podrá extraer una tipología de zonas de contacto para el tipo de prácticas que se analiza y el tipo de dinámica a través de la cual se produce la interacción.

Finalmente, se podrían reconocer los lineamientos tendientes al desarrollo de tecnología social: acuerdos respecto a condiciones técnicas del artefacto, definición de los sentidos puestos en juego por parte de cada actor interviniente en el proceso, construcción de aquellos elementos normativos que den marco a la ejecución de la dinámica acordada. Sin embargo esto no será abordado aquí.

PRIMERAS INTERPRETACIONES

Esta sección del artículo tiene por objetivo poner en diálogo los aspectos conceptuales señalados y el caso empírico que se estudia. Particularmente se toma para el análisis un encuentro entre los actóres que forman parte de la experiencia mencionada, en la cual se propuso definir los primeros lineamientos del desarrollo tecnológico para vivienda de madera en un circuito productivo local.

En primer lugar, la temática general que reúne a los actores es la de aportar, desde cada experiencia y saberes adquiridos, a la configuración del circuito productivo. En las manifestaciones de diversos actores, también se reconoce la intensión de ampliar el campo de experiencia particular, a través de esta práctica colectiva. Entre los presupuestos colectivos que dan sentido a la vinculación de los actores[2] que forman parte del caso de estudio, 'lo local' aparece como premisa fuerte, reconocida como un aspecto que merece ser puesto en valor, así mismo se identifica la 'participación' como lógica del proceso. Estos dos elementos configuran los ejes temáticos centrales de las diversas intervenciones que se desarrollaron a lo largo del fragmento discursivo que se analiza. Vale señalar que la vinculación de los actores desde estos ejes no es un elemento que se manifieste espontáneamente en esta reunión, sino que podría vincularse al trabajo previo realizado con cada actor por parte del equipo de investigación que impulsa la experiencia.

En el campo de las tematizaciones particulares, 'lo local' y 'la participación' se manifiestan desde el campo de experiencias propio de cada actor. Este aspecto configura el campo de enunciación, desde el cual se construyen diversas significaciones de las tematizaciones centrales.

Para los miembros de la Dirección de Vivienda, lo local aparece vinculado a la posibilidad de producir desarrollo social, mejorar la calidad de vida de un sector de la población a través de la mejora habitacional. Y en ese sentido comprende que puede darse una actividad sinérgica entre la producción de vivienda y la generación de trabajo; esta comprensión conlleva la vinculación con la Subsecretaría de Producción (ausente en la reunión) en el plano de la gestión política. En paralelo, reconoce la importancia de trabajar con un actor proveniente del sector científico-tecnológico[3] que posee experiencia en prácticas de este tipo.

Para los miembros de la Cooperativa de Trabajo "Jorge Pedro" (dedicados a la construcción de vivienda con material tradicional) tanto como para el representante de la Asociación de Carpinteros, reconocen a lo local como su escenario de acción económica, por lo que participar de una experiencia de este tipo reviste para ellos la posibilidad de ampliar sus horizontes laborales tanto como la aprehensión de nuevos conocimientos, dada la vinculación con otros actores.

Para los docentes de la Universidad Tecnológica de Concordia, la participación en este proyecto impulsa un espacio de experimentación específicamente vinculado al principal recurso local, la madera, lo cual le daría la posibilidad de incrementar su relevancia académica, ya que actualmente no posee un laboratorio para experimentos con este material. Paralelamente, esto permitiría una nueva línea de investigación para los alumnos, y la posibilidad de instalar en la localidad a profesionales capacitados para el trabajo con su principal recurso.

Finalmente, para los miembros del equipo de investigación de CONICET, lo local y la participación son los elementos centrales desde los que se concibe el proyecto. Para este actor el proceso significa generar procesos investigativos con abordajes que no se proponen la transferencia de saberes desde una elite académica. Por el contrario, los mismos se producen con base en la participación de actores diversos, lo cual hace posible llevar adelante procesos de desarrollo tecnológico de manera colectiva que, al ser participativos, tiene la posibilidad de ser funcional a los intereses de todos los actores implicados. Como se menciono anteriormente, la dislocación pragmática de las jerarquías no diluye la asimetría entre los actores, pero permite nuevas relaciones que se ajustan a un escenario concreto.

A propósito de la consigna del encuentro, delinear aspectos referidos al desarrollo tecnológico para vivienda de madera, la noción de *vivienda* ocupó un espacio central. Las diversas tematizaciones que dieron sentido a la noción de vivienda, son el reflejo del campo de experiencias que cada actor trae. Asimismo, desde la especificidad de cada uno de los aportes se puede reconocer la zona de contacto que cada actor pone en la división de la tarea discursiva. Del análisis emergen algunas categorías diferentes a las planteadas por Santos si bien se toma la noción de *zona de contacto*, en principio aquí se reconocen dimensiones que podrían ser específicas de un proceso de co-construcción de tecnología social:

Académico - Práctico: por un lado, se reconoce que el saber práctico respecto a las técnicas con que se trabajan los materiales (madera y mampostería) son un acervo propio de la experiencia empírica de carpinteros y albañiles. El reconocimiento de este saber, por parte de los técnicos-académicos da lugar a pensar premisas de diseño acordes a los saberes que estos actores manifiestan. Así mismo, algunos de esos saberes no presentan la sistematicidad y estructuración que, desde la teoría, sí poseen los técnicos-académicos. Sólo por citar un ejemplo: un carpintero señalaba que, ante determinadas características de la madera (nudos en tablas) no era conveniente usarla para exteriores porque ante las condiciones climáticas puede "saltar" produciendo filtraciones y una serie de inconvenientes que de ello provienen. Un docente de la UTN le puso a disposición un sistema de clasificación de tablas de madera que permite evaluar si los nudos de la madera serían saltantes o no. Esa complementariedad es una zona de contacto que también podría llamarse teórico-empírica.

Técnico – Técnico: Se complementaron saberes provenientes de dos saberes técnicos especializados: los carpinteros y los constructores (especializados en mampostería) sobre los modos de producir una vivienda con tecnología mixta, que representa tiempos, procesos y cuidados diferentes. Esto permite organizar el sistema de montaje de las viviendas optimizando los tiempos de cada constructor.

Académico – Académico: Durante todo el proceso estuvieron en juego saberes provenientes de distintas disciplinas (arquitectura, ingeniería y trabajo social especialmente)

Técnico – Normativo: En lo referido a las reglas vigentes se discutieron aspectos del diseño: instalaciones sanitarias, de gas, de electricidad, etc. Con base en la normativa en curso se pensaron pautas de diseño habitacional.

Social – Técnico: esta zona de contacto surge del reconocimiento de una co-determinación entre los social y lo técnico. Y en ese sentido, se asumió que desde el diseño tecnológico se objetivan modos de entender lo social y al mismo tiempo se pueden facilita o inhibir determinadas prácticas sociales. Desde los actores que participaban del diseño se procuró tener esto en cuenta, y si bien no se podría dar respuesta desde el desarrollo tecnológico a las particularidades de cada familia, sí se consideró una pauta de diseño de panelería que pudiera adaptar la distribución de los espacios interiores de la vivienda según sea su composición. Se reconoció que esto no es suficiente y que además requiere otras condiciones de implementación de la tecnología, lo cual llevó a la siguiente zona de contacto.

Social – Normativo: se refirió a la necesidad de pensar políticas que contemplen una escala de trabajo territorial de pequeña escala, a fin de generar un acercamiento a las familias implicadas. Este aspecto es novedoso, en lo que a intervenciones estatales se refiere. En general, las prácticas intervencionistas en el campo del hábitat suelen producirse en escala masiva y desde una perspectiva netamente tecnológica. En este marco se señaló la necesidad de trabajar con grupos de no más de 20 familias.

Pasado – Presente: En un hecho, se señaló los valiosos aprendizajes que antiguas experiencias habían dejado y en algún sentido esto puede ser considerado como una zona de contacto entre dos momentos que refieren a sentidos diferentes para abordar un hecho similar.

En relación a las zonas de contacto, las dinámicas a través de las cuales se produce el ejercicio de *traducción* son:

Conflicto: en estos casos, la definición de alguno de los aspectos que definen la tecnología social ponen de manifiesto concepciones antagonistas, y la dinámica de traducción es la puja por imponer aquella definición que se considera válida. En este marco, la tarea argumentativa reviste una importancia crucial, y en algunas ocasiones la escalada en especificidades técnicas deja por fuera la posibilidad de inteligibilidad por parte de todo el colectivo.

Complementariedad: esta dinámica se manifiesta cuando a la exposición de un saber específico, por parte de un actor, se agrega el saber de otro u otros actores, realizando aportes en el mismo sentido.

Interrogantes: en esta dinámica se manifiesta con mayor nitidez la intensión de traducción y de su alma mater, la incompletud del saber. La expresión es la de una pregunta abierta al colectivo o a un actor en particular.

REFLEXIONES FINALES

Desde el momento en que se decide abordar la comunicación como un proceso, se introduce la noción de temporalidad o de desarrollo en el tiempo del fenómeno que se estudia. En el marco de esa comprensión, cabe el abordaje de los elementos que conforman el fenómeno tanto como la dinámica por la que estos se relacionan y se transforman continuamente. De modo que el abordaje de un fenómeno considerado integralmente reconoce algunos componentes sólo con fines analíticos. En otro plano conceptual, estos procesos comunicacionales son reconocidos como dinamizadores de acciones participativas para el desarrollo de tecnología social, generando a su vez procesos de transformación social a través de la construcción participativa de conocimiento, donde sujetos esencialmente iguales, hacen aportes diferentes.

En el marco del análisis que se realiza, la perspectiva de co-construcción hace la misma apuesta que Santos, asumiendo que es posible realizar transformaciones del orden vigente con base en el reconocimiento de la incompletud de saberes, y además lleva esa apuesta un paso más allá, no sólo se trata de hacer inteligibles distintos campos de experiencia, y sus correspondientes tematizaciones, sino que además se puede producir un tipo de conocimiento colectivo, destinado al desarrollo de tecnología social.

En términos de los aportes que se extraen para la comprensión de procesos comunicacionales en prácticas de co-construcción interactoral de tecnología social, el sistema conceptual esbozado puede ser pertinente para el análisis de los contenidos plasmados en encuentros, donde lo que se propone es tomar definiciones de manera participativa. En ese marco pueden reconocerse, tal como se ha mencionado, dos instancias sinérgicas: la co-inteligibilidad (traducción) y la co-construcción (construcción participativa de saberes). La posibilidad de pasar de la co-inteligibilidad a la co-construcción se manifiesta en el marco de una experiencia en la que los agentes comparten una matriz cultural, cierta visión de mundo con presupuestos colectivos también compartidos. Sobre esta visión en común se producen tematizaciones diferentes, propias de la experiencia que cada uno acumula, que aquí es nombrada como *saber*. En otras palabras, las condiciones de inteligibilidad entre las experiencias permite que, a partir de la manifestación de la incompletud, se logre enriquecer el propio acervo y al mismo tiempo construir un acervo colectivo, orientado a la construcción de tecnología social.

Para darle continuidad a la línea que aquí se ha presentado, será necesario ahondar en el estudio de los aspectos reconocidos del fenómeno de estudio como así también explorar otros que aun no han sido abordados. En ese sentido existen muchas preguntas que resta hacer: ¿Qué instancias conforman el proceso de co-construcción interactoral de tecnología social? ¿Qué particularidades presentan? ¿Cómo se relacionan entre sí?. Por otra parte ¿Cuál es el interjuego entre el proceso específico de comunicación y condicionamientos estructurales (políticos, económicos, históricos, etc) a las que los actores están subordinados? ¿Cómo se presentan las innegables asimetrías en un proceso que pretende la participación de todos los actores implicados? Y sobre la marcha de reconocer asimetrías obstaculizadoras ¿Cómo llevar adelante un proceso de este tipo sin caer en la utópica transparencia de la comunicación ni en la omisión de contenidos?.

BIBLIOGRAFIA

SANTOS, B. de S. (2010) *Para descolonizar occidente: más allá del pensamiento abismal.* Prometeo libros. CLACSO, Argentina.

SANTOS, B. de S. (2009) *Una epistemología del sur: la reivindicación del conocimiento y la emancipación social.* Siglo XXI. CLACSO, México

NOTAS

[1] El concepto de *hegemonía* es cardinal en la perspectiva de Santos; se trata de un investigador-militante, quien plantea su trabajo intelectual desde el compromiso con los agentes oprimidos, invisibilizados, aquellos que habitan en el Sur: "Sur es, pues, usado aquí como metáfora del sufrimiento humano sistemáticamente causado por el colonialismo y capitalismo" (2009:12). La "Epistemología del Sur" busca criterios de validez del conocimiento que otorguen visibilidad y credibilicen las practicas cognitivas de las clases, de los pueblos y de los grupos sociales que han sido históricamente dominados. Una premisa de su trabajo es que "no habrá justicia social global sin justicia cognitiva global" (2009:12), de modo que la epistemología del Sur se orienta a prácticas de conocimiento orientadas a la transformación social contra-hegemónica.

[2] En el encuentro que se analiza, participaron 4 miembros de la Dirección de Vivienda, 2 miembros de la Cooperativa de Trabajo "Jorge Pedro" (dedicados a la construcción de vivienda con material tradicional), 1 representante de la Asociación de Carpinteros, 6 miembros del equipo de investigación de CONICET y 3 docentes de la Universidad Tecnológica de Concordia.

[3] Aquí sería extenso de explicar, pero en resumidas cuentas: la Dirección de Vivienda tiene la posibilidad de solicitar financiamiento a la Subsecretaria de Desarrollo Urbano y Vivienda a fin de cubrir acciones destinadas a disminuir el déficit habitacional local. Para ello debe dar cuenta del tipo de tecnología constructiva que empleará en el proyecto de mejoras que defina. Si la tecnología constructiva no es tradicional, debe presentar un Certificado de Aptitud Técnica. Éste es el caso de una vivienda de madera, como la que se pretende desarrollar en Concordia.

De-Construir para Re-Construir otra Tecnología en el Campo del Hábitat

Fenoglio, Valeria

INTRODUCCIÓN

En la mayoría de las investigaciones y trabajos en torno a la problemática del Hábitat, subyace una crítica común: la ineficiente ó inadecuada forma en que el Estado aborda el problema a través de sus distintas políticas sociales. El argumento, sostenido por varios autores, es que las mayorías de las políticas y en particular la habitacional aborda la problemática a partir de interpretar las "carencias" de determinados bienes y servicios de la población con menores recursos (Peyloubet, 2010b y Pelli, 1995). Este reduccionismo en el enfoque implica que el Estado viene llevando a cabo una política habitacional que por un lado, esta centrada en la mera provisión de viviendas bajo el modo "llave en mano", y por otro actúa sobre el soporte de procesos y productos uniformes impuestos a las ciudades y a los beneficiarios (Rodulfo,2007). De este modo, se intenta resolver la problemática habitacional a partir de herramientas exógenas a cada territorio, sin considerar las características locales en todas sus dimensiones; urbana, social y productivo laboral. Así es como, cuando hacemos referencia al Hábitat resulta imposible no mencionar y destacar el reduccionismo epistémico, que asumen las actuales políticas en materia habitacional. En torno a esta problemática, y a lo largo de varios años, Universidades, Centros de Investigación y Desarrollo (I+D), Organismos no Gubernamentales, movimientos sociales, etc. han ido creando caminos alternativos, tecnológicos y sociales, con el objetivo de poder llenar aquellos vacios que las políticas públicas no han podido resolver aún. En este sentido, han proliferado una extensa cantidad de Tecnologías Apropiadas o Alternativas, intentando de diversos modos contribuir en la mejora del Hábitat.

A pesar de la buena intención por resolver dicha problemática, muchas de esas soluciones tecnológicas han sido generadas y nutridas por una base cognitiva fuertemente determinista. Según Peyloubet (2010a), dicha concepción prioriza el producto por sobre cualquier otra racionalidad, suponiendo que todo desarrollo tecnológico es la solución a un problema existente sin considerar contextos ni actores particularizados. Además, estas Tecnologías Apropiadas generan un juego de oferta y demanda, donde la lógica de transferencia subordina todo el proceso. Esto significa que se ha venido desarrollando una serie de tecnologías a modo de "stock", utilizadas muchas veces según la demanda, y que principalmente ha dejado a un lado aquel conocimiento tradicional o tácito, que la academia no legitima. Así, se desperdicia el alto potencial de saberes que se encuentra contenido en actores y experiencias sociales, advirtiéndose que el conocimiento aún se construye de forma exclusiva de arriba hacia abajo a partir de un proceso unidireccional, es decir a modo de transferencia. En este sentido, se reconocen tres dimensiones del problema: a) Escaso conocimiento endógeno en los desarrollos tecnológicos; b) Ausencia de valores democráticos y participativos en la construcción de la tecnología y c) Ausencia de un enfoque sistémico en la construcción del problema-solución.

En ese sentido, la búsqueda de abordajes adecuados para la producción del Hábitat implica no solo reconocer la naturaleza compleja del mismo sino también la necesidad de cuestionar, desde un enfoque crítico, las actuales intervenciones tecnológicas con las cuales se intenta resolver la problemática. A los fines de esta investigación, se trabaja a partir de dos grandes corrientes críticas de pensamiento; por un lado el estudio de las Tecnologías Sociales y por otro la Corriente Poscolonial, ambas consideradas como los marcos teóricos más adecuados en la búsqueda por generar abordajes diferenciados en el campo del Hábitat.

La primera corriente, hace referencia al estudio de Tecnologías Sociales, cuyo desafío mayor se asienta sobre la idea de superar las contradicciones y restricciones de los abordajes deterministas y lineales de las Tecnologías Apropiadas que comúnmente, influencian los modelos de Ciencia y Tecnología en los Organismos de I+D. Según Dagnino (2008), la Tecnología Social pretende aportar una dimensión procesual, una visión ideológica y un elemento de operacionalidad diferente que no se encuentra en las tecnologías convencionales, intermedias, apropiadas, etc.

La segunda corriente, hace referencia a una serie de estudios acerca de las formas dominantes de producción de conocimiento mediante la cual opera el modelo de ciencia y tecnología. Este mecanismo cognitivo, ha sido motivo de estudio de numerosos teóricos en el mundo preocupados por las consecuencias sociales a las que asistimos y las promesas incumplidas por el modelo de racionalidad científica heredado por la modernidad europea. Entre las diversas propuestas teóricas, adherimos al pensamiento y obra de Boaventura Sousa de Santos (2009), cuyo desafío gira en torno a desmontar la dicotomía existente entre conocimiento experto o científico versus conocimiento local, y propone dar lugar a constelaciones de saberes donde se combinan de manera transdisciplinar conocimientos de diferentes disciplinas científicas, así como conocimientos no científicos nacidos de la experiencia de los pueblos y sus luchas.

A partir de la construcción de un marco analítico-conceptual "ad hoc" se pretende realizar el análisis de una experiencia de Tecnología Social en la localidad de Villa

Paranacito. Dicha experiencia se considera paradigmática pues las formas de construcción de conocimiento y las características de la tecnología, en el marco de la producción de hábitat, se constituyen en verdaderos actos de resistencia frente a los paradigmas globales dominantes.

ENFOQUE TEÓRICO-CONCEPTUAL

Tecnología Social: de-construir para re-construir otra tecnología

Para llevar adelante el estudio de caso, Tecnología Social en la localidad de Villa Paranacito, la investigación se posiciona desde una perspectiva CTS (Ciencia, Tecnología y Sociedad). Dicho nombre genérico hace referencia a una colección de estudios de las ciencias sociales y humanas que examinan los contextos y contenidos de la ciencia y tecnología (Mackenzie, 2008). La preocupación ética y política, acerca de los efectos negativos del desarrollo científico-tecnológico, originados alrededor de la segunda guerra mundial, marcaron el carácter de los estudios de esta perspectiva. Así es como a partir de los años 60 comenzaron a proliferar numerosas reflexiones del tipo histórico, sociológico y filosófico, integrando los estudios sociales de la ciencia y tecnología en una perspectiva interdisciplinaria, destacándose el carácter social de todas las decisiones tecnológicas, su génesis y consecuencias. Ahora bien, ¿Por qué abordar el estudio de caso desde esta perspectiva? Por un lado, y en términos más generales, esta perspectiva nos ayuda a comprender e interpretar los aspectos sociales, implícitos, en los desarrollos científicos-tecnológicos del mencionado caso. Este planteamiento, intenta mostrar que dichos desarrollos siempre se producen dentro de un determinado contexto histórico, social, cultural y político, y están sujetos a los intereses y valores predominantes de aquel contexto. Esta forma de abordar la ciencia y la tecnología, en relación a la sociedad, es un intento por superar la concepción neutral y determinista de la misma

En el marco de esta perspectiva de CTS se inscribe la corriente de pensamiento de los estudios de la Tecnología Social (TS). La integración de conceptos teóricos y concepciones ideológicas provenientes de diferentes enfoques disciplinarios (filosofía de la tecnología; sociología de la tecnología; economía del cambio tecnológico, etc.) constituyen un marco analítico-conceptual adecuado para abordar el estudio de la TS. Los diferentes enfoques disciplinarios contribuyen a una revisión crítica de las Tecnologías Apropiadas con el objetivo que desde allí se pueda construir una tecnología de base cognitiva diferente. A los fines de la investigación, tomaremos dos matrices disciplinarias para analizar la experiencia: la sociología de la tecnología (Constructivismo Social) y filosofía de la tecnología (Teoría Crítica de la Tecnología).

El Constructivismo social como contribución en el concepto de TS

La Teoría de Construcción Social de la tecnología, propuesta por Trevor Pinch y Wiebe Bijker[1], se ha constituido en uno de los modelos teóricos más importantes en el estudio de la Tecnología. Esta teoría se construye en respuesta radical a la visión mono-dimensional, lineal y determinista de la Tecnología y la Ciencia. Valderrama (2004) describe esta teoría como una manera de "abrir la caja negra" del conocimiento y de la tecnología específicamente para descubrir que, en su interior, se presentan dinámicas que debemos estudiar porque están íntimamente ligadas a procesos sociales. Es así como, examinando el contenido del conocimiento y el diseño de la tecnología encontramos a la sociedad en acción. En este sentido, la tesis central del constructivismo plantea que las tecnologías y las teorías no estarían determinadas por criterios científicos y técnicos ya que habría generalmente distintas soluciones posibles para cualquier problema dado y son los actores sociales quienes tomarían la decisión final entre una serie de opciones técnicamente posibles (Dagnino, 2008 p: 101). Los autores, Pinch y Bijker (2008), argumentan la teoría constructivista a partir de una re-evaluación de la historia de la bicicleta[2]. En su análisis, los autores deconstruyen la versión tradicional, lineal y determinista de la historia, que describía el diseño de la bicicleta como el resultado heroico de un único fabricante en los Estados Unidos. Así, Pinch y Bijker abren la "caja negra" de la historia de la bicicleta con una interpretación alternativa que revela su construcción social, intentando comprender cómo el diseño mismo de la bicicleta es el resultado de procesos de negociación y de interpretaciones diferentes entre grupos sociales relevantes. Dagnino (2008) señala que la identificación de estos grupos sociales, involucrados en el desarrollo de una tecnología, ofrece la posibilidad de considerar a la tecnología como una construcción social y no como fruto de un proceso autónomo, como lo concibe el determinismo.

Por lo tanto, la perspectiva constructivista es considerada en esta investigación como el "punto de partida inicial" para el estudio de caso, ya que permite comprender a la tecnología por su carácter complejo y dinámico. Nos permite, entonces, comprender como llega un artefacto a ser lo que finalmente es, no sólo en términos de su diseño sino en cuanto al significado conceptual, de función y de uso que le otorga una sociedad (Valderrama y Rondero, 2003). Si bien el constructivismo intenta abrir la caja negra, para vincular sus estructuras y su funcionamiento con los contextos de origen, también cabe destacar que ha sido criticado por varias vías diferentes representada por autores de CTS. Entre ellos, el politólogo Langdon Winner[3], que preocupado por las consecuencias de los desarrollos tecnológicos, realiza las críticas más contundentes. Entre varios argumentos, Winner afirma que el constructivismo ignora las relaciones de poder, ya que los grupos sociales relevantes aparecen desligados de la estructura social, apareciendo un cierto elitismo en la medida en que se priman las opciones consideradas por los que ostentan posiciones de poder. Otro aspecto central, en la crítica sostenida por Winner, es que el constructivismo no ofrece una base a partir de la cual se pueda criticar los modelos y sistemas existentes de desarrollo tecnológico para así generar propuestas alternativas (Dagnino, 2008). En este sentido, Winner destaca y valora el rigor conceptual, los detalles y las especificidades, y sus intenciones de consolidar modelos empíricos para el cambio tecnológico (Valderrama, 2004) pero advierte una indiferencia política y moral en la propuesta analítica. Para Winner, el diseño de las tecnologías revela una intención política por parte de quienes gobiernan o toman decisiones que influyen directamente en lo social, a veces positivamente y otras tantas veces de manera negativa.

La contribución de la Teoría Crítica de la Tecnología en la TS

El Constructivismo Social, como perspectiva teórica en el campo de CTS, permite comprender a la tecnología como una construcción social y política. Sin embargo, consideramos que para generar un mayor acercamiento al estudio de las Tecnologías es necesario cuestionarse y preguntarse a cerca de aquellos valores que se encuentran implícitos en dichas construcciones. Así es como, la Filosofía de la Tecnología a través de la propuesta teórica de Andrew Feenberg[4] nos ofrece el marco adecuado en la búsqueda de algunas respuestas.

La crítica radical frankfurtiana hacia la tecnología moderna, que se dio través del movimiento de renovación del pensamiento marxista en las primeras décadas del siglo XX (De Moura Varanda y Bocayuva, 2009), sirvió como escenario para que este autor desarrollara un enfoque alternativo no determinista, conocido con el nombre de Teoría Crítica de la Tecnología. En ella, Feenberg (1991) destaca aquellos aspectos contextuales de la tecnología, que habían sido ignorados por la Escuela de Frankfurt, y afirma que la tecnología no es solo el control racional de la naturaleza sino que tanto su desarrollo y su impacto son intrínsecamente social. Para Dagnino (2010) la obra de Feenberg, constituye por un lado, el marco analítico-conceptual que fundamenta a la TS y por otro, contribuye de modo substancial en la lucha por re-construir una Tecnología que promueva transformaciones sociales más democráticas.

Según Feenberg (1991) la tecnología no es determinista ni menos aún neutral. Concuerda con ciertos teóricos radicales, que la tecnología no es la responsable de la concentración del poder industrial, siendo mas bien una cuestión política debido a la victoria de las elites capitalistas. Por lo tanto, Feenberg sostiene que la tecnología en un contexto social diferente podría, de igual modo, ser operada democráticamente. En este sentido, su propuesta de acerca de la Racionalidad Democrática gira en el torno a la extensión del valor de democracia al ámbito de la tecnología. Para ello, el autor nos sugiere una comprensión más amplia de la tecnología, donde la noción de racionalización debiera fundirse en la responsabilidad de la acción técnica por los contextos humanos y naturales. En ese sentido, el autor plantea una herramienta analítica y metodológica denominada Teoría de la Instrumentalización. Según Dagnino (2010), dicha herramienta tiene por objetivo proporcionar un entendimiento más preciso de las operaciones que ocurren cotidianamente en la producción de tecnologías y justamente de esa forma proceder a otras operaciones alternativas que den lugar a espacios de tecnologías adecuadas social y técnicamente. Esta Teoría de la instrumentalización permite reconciliar en un solo marco teórico miradas substantivistas, instrumentalistas y constructivistas considerando que la tecnología no tiene uno sino dos aspectos, es decir es ambivalente. Un aspecto, al cual denomina "instrumentalización primaria", que explica la constitución funcional de los objetos, y otro aspecto, la "instrumentalización secundaria" que explica la vinculación de su constitución funcional con contextos sociales concretos.

Así como la instrumentalización primaria caracteriza las posibilidades técnicas en cada sociedad y momento histórico, la tecnología incluye también rasgos que evolucionan de acuerdo con la segunda instrumentalización que incluye aspectos políticos, sociales y culturales, como indican los estudios constructivistas. La instrumentalización primaria no agota el significado de la técnica sino que meramente establece un esqueleto de las relaciones técnicas básicas y la instrumentalización secundaria avala la reintegración del objeto con el contexto. En el marco del sistema capitalista, los rasgos principales de las tecnologías, (instrumentalización primaria) como la reducción de los objetos a materia prima, el uso de medidas precisas y planes, la eficiencia, extensas escalas de operación, generan obstáculos a la generación de la instrumentalización secundaria. Para Feenberg (2006) estos obstáculos no son meramente ideológicos sino que están incorporados en los diseños tecnológicos, en forma de códigos técnicos (valores dominantes de la racionalidad tecnológica). Para ello el autor propone, en el marco de la Teoría Crítica de la Tecnología, cambiar dichos códigos técnicos a partir de las instrumentalizaciones secundarias y afirma que de ese modo es posible alcanzar un nuevo tipo de sociedad tecnológica, incorporando valores alternativos a priori. Por lo tanto, la Teoría Crítica de la Tecnología nos permite reflexionar acerca de la necesidad de incorporar aspectos sociales, culturales y ambientales alternativos con el objetivo de propiciar formas más participativas y democráticas.

Democratización Cognitiva en la re-construcción de Tecnologías Sociales

La búsqueda por de-construir y construir otra tecnología no solo supone superar la visión determinista y neutral de la misma, sino también la necesidad de revisar la base cognitiva mediante la cual opera el modelo de ciencia y tecnología. En ese sentido, el pensamiento y obra del sociólogo contemporáneo Boaventura Sousa de

Santos constituye un interesante y pertinente marco de referencia.

El reto más fuerte y más exigente, para Santos es la superación de la colonización que hemos sufrido por el pensamiento científico-técnico occidental, que después de la independencia se transformó en el único conocimiento riguroso y válido. Según Santos (2009), en ese camino, los otros saberes (populares, indígenas, campesinos, de los barrios, de las comunas, etc.) fueron silenciados y oprimidos, ocurriendo lo que él autor llamó como "epistemicidio". Partiendo de dicha premisa, la modernidad occidental para Santos ha sido la culpable de la destrucción de ese conocimiento y realiza su crítica llamando "razón indolente" a la modernidad occidental y "razón cosmopolita" su propuesta de racionalidad diferente. La razón indolente, que es para Santos responsable del desperdicio de la experiencia, debe ser no solamente cuestionada sino también desafiada. Según Santos (2009), una de las formas más dominantes con la que opera la racionalidad es la idea de totalidad como forma de ordenamiento de la realidad. Esta totalidad ordenadora divide al mundo en dos partes pero de una manera jerárquica: conocimiento científico/conocimiento tradicional; hombre/mujer; cultura/naturaleza; civilizado/primitivo; Norte/Sur, entre muchos mas. Esta versión abreviada y reducida del mundo fue hecha posible, dice Santos, "por una concepción del tiempo[5] presente que lo reduce a un instante fugaz entre lo que ya no es y lo que aún no es" (Santos, 2009 p: 107). Así es como, la contracción del presente esconde la mayor parte de la inagotable riqueza de las experiencias sociales en el mundo. En ese marco, Santos propone transformar las ausencias en presencias. Para ello, distingue cinco lógicas que producen no existencia: la primera que deriva de la monocultura del saber, que cree que el único saber es el saber riguroso; la segunda se basa en la monocultura del tiempo lineal que entiende a la historia como dirección en sentido único; la tercera es la monocultura de la naturalización de las diferencias, que opera a través de mecanismos de agrupación social como etnia, sexo o clase social; la cuarta es la monocultura de lo universal como único válido al margen del contexto, donde lo opuesto a lo universal es considerado vernáculo y lo global se antepone a lo local y por último la quinta monocultura la de la productividad que define la realidad humana en función del crecimiento económico como objetivo racional incuestionable.

Para Santos (2009) estas monoculturas de la racionalidad moderna provocan cinco formas sociales de no existencia: lo no creíble, lo ignorante, lo residual, lo local y lo improductivo. Así es como, Santos propone sustituir dichas monoculturas a partir de su propuesta de "ecología de los saberes", intentando ampliar la realidad del presente a partir de la inclusión en ella de saberes, prácticas y grupos sociales que, aunque estén disponibles, han sido invisibilizados y producidos como no existentes por la razón dominante (Santos, 2009).

EL CASO: TECNOLOGÍA SOCIAL EN VILLA PARANACITO - ENTRE RÍOS

Nueva configuración en la concepción de la Tecnología

Abordar la experiencia desde la Teoría del Constructivismo Social permite por un lado, comprender a la tecnología como una construcción social y política, dejando de lado a la misma como un proceso autónomo disociado de la sociedad; y por otro lado re-construir la complejidad del proceso tecnológico a lo largo del tiempo y las relaciones que se dieron entre actores, instituciones, ideologías, el sistema productivo, sistema político, intereses puestos en juego, etc.

A partir del reconocimiento de una problemática local, el equipo de investigadores de Conicet[6] y los miembros de la comunidad de Villa Paranacito se vincularon para la diversificación del uso del recurso natural, madera álamo, de la zona, basándose en la producción de vivienda, producción que se sumó sinérgicamente a la demanda del déficit habitacional en la zona y la generación de trabajo para pequeños productores. Previamente en el año 1998 el equipo de Conicet realizó una intervención en la localidad a raíz de las inundaciones sufridas en el Litoral. Esta vinculación despertó el interés a nivel municipal y de la comunidad por encontrar líneas de acciones futuras que dieran continuidad a dicha intervención en términos socio-habitacionales pero con el complemento de circuitos productivos que dinamicen la economía local. Así es como se formula un nuevo proyecto de investigación[7] tomando como base los aprendizajes desarrollados en el período anterior. Por lo tanto, los objetivos del proyecto ya no giraban en torno a la satisfacción de la demanda de vivienda sino que justamente el desarrollo tecnológico era el elemento visible y tangible que permitiría poner en marcha otros procesos no solo socio-habitacionales sino también en términos socio-productivos, económicos y culturales.

En el año 2006 se formula de manera conjunta, entre Conicet; Municipio y Escuela Técnica de Villa Paranacito, el proyecto de investigación siendo luego aprobado y financiado por la ANPCyT[8]. De esta manera, se buscó utilizar expresamente los materiales de construcción disponibles a nivel local. La zona de Paranacito se caracteriza por la producción forestal de álamo cuya madera se utiliza habitualmente como insumo de la industria del papel. Por lo tanto, el proyecto buscó integrar una serie de actores que permitieran participar y abordar la problemática del hábitat de manera conjunta: el municipio, la escuela técnica, los productores forestales, los aserraderos, las familias con necesidad de vivienda; el Ministerio de Ciencia y Tecnología y el equipo de Conicet. En base a una serie de premisas previas y de ensayos estructurales realizados en laboratorio se diseño un tipo de sistema constructivo íntegramente en madera de álamo. En aquel momento, el equipo de Conicet tenía su sede en CEVE[9] de la ciudad de

Córdoba, y fue allí donde se realizaron los primeros montajes experimentales del prototipo. Según la operatoria del proyecto, dicho desarrollo tecnológico debía ser llevado a la localidad bajo la lógica de Transferencia y Capacitación, siendo en la Escuela Técnica local donde se realizaron los primeros encuentros. En este sentido, la Escuela Técnica, se convirtió en un actor clave en el proyecto ya que a partir de dichos encuentros se extrajeron los mayores aprendizajes de la experiencia, otorgando un cambio radical en la lógica de construcción de conocimiento. Por lo tanto, el proceso de transferencia y capacitación que se había planteado previamente en el proyecto, se convirtió de manera espontánea en un proceso de retro-alimentación que permitió incorporar al desarrollo tecnológico, inicial, variantes aportadas por los propios alumnos y maestros carpinteros de la escuela. Con los aserraderos locales ocurrió algo similar. El intercambio de saberes con dicho actor, en términos de comercialización de madera, fueron claves para el diseño de los componentes.

Otro actor relevante en la experiencia fue el municipio. Su posicionamiento como adoptante-socio dentro del proyecto permitió llevar adelante la producción de casa-partes o componentes en madera de álamo, a través de su financiamiento. La carpintería municipal realizó la construcción de 560 componentes que se constituyeron en cinco viviendas, destinándose a familias de la localidad. Luego de transcurridos dos años de desarrollo del proyecto se inicia la construcción de las viviendas por parte de técnicos municipales. Las familias participaron del proceso no desde la auto-construcción si no desde la toma de decisiones en relación a diversas cuestiones como elección de lotes, proyección de crecimiento de la vivienda, mantenimiento y asesoramiento para la compra de ciertos materiales para la vivienda. En términos de costo de la vivienda los resultados fueron altamente positivos, lo que motivo tanto al municipio como al grupo de investigadores iniciar los trámites para gestionar el CAT (certificado de aptitud técnica) que otorga la SSDUV[10]. Este certificado permite al municipio satisfacer su propia demanda habitacional, a través de planes de vivienda subsidiados por el Estado en el marco de los Programas de la Política Habitacional Nacional existentes, como así también fortalecer emprendimientos productivos locales a partir del uso de la madera del lugar.

En base a los avances del proyecto y a una cada vez mayor confianza en el material se formula otro proyecto complementario[11] para el estudio y mejoramiento de la madera de álamo. Es así como se incorpora al equipo de investigadores una bióloga para el trabajo de la problemática forestal en profundidad. En ese sentido, se realizaron visitas a productores de plantaciones de álamo. Una de las problemáticas que generaba preocupación en los productores era la plaga llamada Taladro de los Forestales (Megaplatypus mutatus). Dicha plaga es en la actualidad la más importante de la especie álamo en Argentina y provoca una merma en los volúmenes útiles de madera por hectárea. Dicha problemática forestal genero en el marco del proyecto el desarrollo de una investigación doctoral[12] cuyo fin era atender el control de plagas (insecto: Megaplatypus mutatus) a partir de matrices poliméricas biodegradables obteniendo dos beneficios: por un lado controlar la plaga problema, causante de pérdidas económicas importantes para los productores forestales y por otro lado, lograr un control amigable con el ambiente sin afectar a especies que conviven en el mismo lugar y que no ocasionan pérdidas ni producen problemas en las forestaciones.

Gráfico 01: Mapa de Relaciones

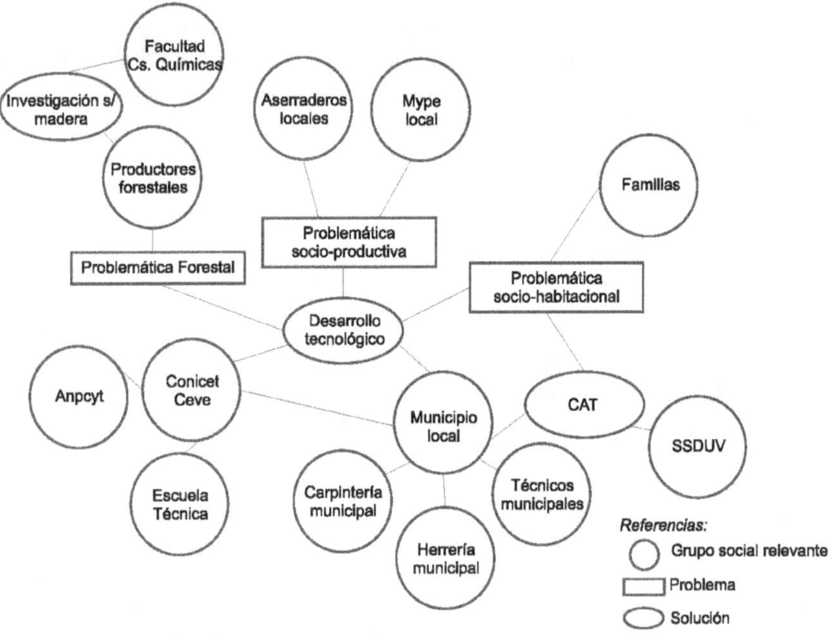

La tecnología en Villa Paranacito fue concebida desde el inicio como una tecnología de proceso, donde la resolución a la problemática del hábitat se planteaba desde la generación de un circuito productivo interactoral y no desde la concepción del artefacto, es decir, la vivienda. En este sentido, se intento conformar dicho circuito a través del cual se pudiera estructurar una red de relaciones que sustente el proceso productivo mediante la integración de actores, socialización de saberes y definición participativa del problema-solución. Así, el desarrollo del proyecto no se concibió como un proceso lineal y predefinido sino como un proceso sistémico y flexible donde se fueron tomando decisiones colectivas, a medida que avanzaba el proyecto, en lo referido a la compra y tratamiento de la madera, el diseño y construcción de la vivienda, entre otros aspectos más. Esta dinámica diferente en la construcción de conocimiento permitió superar la transferencia tecnológica dominante por la implementación de procesos co-construidos, entendiendo a los mismo como "la producción conjunta de conocimientos innovativos, con la participación de saberes mixtos: académicos y populares, a partir del consenso de sectores sociales diversos que contribuyen a la democratización del conocimiento y a la producción de tecnología social" (Peyloubet, 2010b). Así mismo, no se intervino con una tecnología desarrollada a priori sino mediante un desarrollo tecnológico de vivienda producido a "ad hoc", que se ajustó a la mayor cantidad de variables económicas, sociales, culturales de la localidad. Por lo tanto, esta concepción de la tecnología tiene ventajas evidentes por sobre las llamadas Tecnologías Apropiadas: a) en lugar de construir soluciones para pobres busca generar circuitos productivos y dinámicas de inclusión para todos (de esta forma busca evitar la recurrencia a las carencias, b) permite fortalecer a los actores locales a la vez que se democratiza el diseño y el uso de las tecnologías y c) permite incorporar materiales y conocimientos locales contribuyendo a la sustentabilidad de las soluciones implementadas.

Características implícitas a priori en el desarrollo de la Tecnología

Abordar el estudio de la experiencia a partir de la teoría de Instrumentalización de Feenberg nos permite identificar cuales fueron los características principales incorporadas al diseño de la tecnología y bajo que instrumentalización opera la tecnología. Según Feenberg (1991), la sistematización, mediación, vocación e iniciativa son los valores democráticos que deben incorporarse a priori en el desarrollo de las tecnologías.

En relación específica al artefacto tecnológico, Feenberg (1991) plantea la sistematización como un aspecto de la instrumentalización secundaria que implica la reinserción de los objetos técnicos en el ambiente natural de modo que pueda funcionar para atender a un fin demandado por un interés o preferencia. El desarrollo tecnológico de la experiencia en Villa Paranacito llevó implícito una serie de alternativas técnicas que intentaron promover procesos más democráticos: a) Mayor porcentaje posible de madera local (álamo) para la construcción de componentes: esto permitía diversificar el uso del recurso natural y generar distribución de renta en la localidad; b) Mayor aprovechamiento de las lógicas de producción local en lo referido a escuadrías y largos en virtud de no generar cortes especiales improductivos.

El otro aspecto referido al artefacto tecnológico es la medición y esta relacionada a la naturaleza ética y estética que suplanta los objetos técnicos simplificados (previamente reducidos) con cualidades nuevas que permiten su reinserción en el contexto social. En el caso de Villa Paranacito, el reconocimiento del recurso natural local por parte del equipo de investigadores permitió re-significar en la población el uso de la madera de álamo para vivienda. Previo a la llegada del equipo, existía una desvalorización hacia dicho recurso. Para desmitificar o avalar dicho conocimiento popular el equipo de Conicet realizo una serie de ensayos en laboratorio para conocer las características físico-mecánicas de la madera de álamo. Por un lado, se realizo un ensayo de estabilidad dimensional, que proporciona las propiedades de retracción e hinchamiento de la madera. Por otro, el ensayo a compresión axial paralelo a las fibras de la madera, que tiene como objetivo obtener la tensión última que la madera es capaz de resistir, llamada tensión característica. El interés del equipo de Conicet estaba puesto en la capacidad resistente, como propiedad más importante del material estructural. Estos ensayos fueron realizados en el laboratorio del T.I.D.E.[13], utilizando madera de álamo aserrada traída de la ciudad de Villa Paranacito de un lote estibado en galpón durante 6 meses. Los resultados obtenidos fueron: La madera de álamo de la zona del delta entrerriano es una madera blanda y liviana, con veta pareja, ausencia de nudos, homogénea y estable dimensionalmente. En ensayos a la compresión axial, el álamo del delta presenta una resistencia a la compresión paralela a las fibras del orden de los 300 kg/cm2, tensión que lo ubica a la par de maderas como Pino Elliottis, Timbó Colorado, Paraíso o Eucaliptus Saligna. De dichos ensayos resultó que es perfectamente posible diseñar estructuras a partir de la utilización de la madera de álamo. Según actores locales como la escuela técnica y el municipio hubo un antes y después con respecto a las cualidades secundarias de la madera de álamo, que no solo estaba en sus propiedades físicas-mecánicas sino también en los resultados cuantificables y no cuantificables, en términos del aprovechamiento del propio recurso local.

Otro aspecto de la instrumentalización secundaria relacionada a los actores es la vocación. Este aspecto es para Feenberg la autonomía que adquieren los actores por el hecho de poseer una relación específica con una profesión u oficio. Entre Ríos es la cuarta provincia Argentina con mayor cantidad de establecimientos de educación técnica del país, por encima de la provincia de Mendoza y después de los centros más poblados del País. El reconocimiento de oficios en la localidad fue clave para la promoción de procesos alternativos. En este sentido, la experiencia reconoce las capacidades instaladas e intenta poner en marcha procesos que pongan en valor los diferentes oficios. Así es como se decide diseñar un desarrollo tecnológico basado en el trabajo artesanal con la madera (docentes y alumnos de la escuela y carpinteros municipales) y la fabricación de piezas metálicas, (uniones entre los componentes de madera) realizadas por la Herrería municipal.

Por último, la iniciativa en relación a los actores es para el autor una acción que libera al trabajador/consumidor del control técnico impuesto por el posicionamiento al proceso de trabajo. El desarrollo tecnológico a partir de componentes o casa-partes, constituye una opción técnica implícita en el diseño permitiendo a futuro la cooperación y la apropiación por los usuarios o beneficiarios del mismo. Cada componente en madera de álamo podía ser producido por diferentes actores generando una distribución más equitativa del producto. Si bien durante la etapa del proyecto, el 100% de la producción estuvo a cargo de la carpintería municipal, esta opción técnica posibilita a futuro realizar dichos componentes por una multiplicidad de actores tanto del sector privado, educativo como del municipal. En este sentido, la simplicidad de los componentes, el uso de maquinaria simple, la incorporación de múltiples productores, un sistema abierto, constituyen formas de sustituir el control desde arriba (programas habitacionales, concentración de poder, etc.) por la auto-organización de los propios actores locales en pos de generar autonomías.

Gráfico 01: Características implícitas a priori en el desarrollo de la Tecnología

SISTEMATIZACIÓN	**MEDICIÓN**
Uso del recurso natural local: mayor porcentaje posible de madera local para la construcción de componentes del sistema Aprovechamiento de las lógicas de producción local	Inserción de cualidades nuevas al material utilizado (madera de álamo) Re-valorización de la madera de álamo en la localidad a partir de la verificación de propiedades físicas-estructurales desde el sector de CyT
ARTEFACTO	*ARTEFACTO*
ACTORES	*ACTORES*
Reconocimiento de oficios y de capacidades instaladas en la localidad para la generación de autonomía en los actores Trabajo artesanal con la madera y fabricación de piezas metálicas	Auto-organización de la producción y distribución equitativa del producto tecnológico a partir del desarrollo de casa-partes; Sistema constructivo abierto y Maquinaria simple
VOCACIÓN	**INICIATIVA**

El papel del conocimiento local en la experiencia de Villa Paranacito

A partir de la propuesta de Santos (2009) se pretende identificar en la experiencia de Villa Paranacito las distintas formas con que se concibió a la tecnología.

La primera racionalidad dominante es para Santos la monocultura del saber. Para ello, el autor nos propone la *ecología de los distintos saberes con el necesario diálogo y la ineludible confrontación entre ellos*. Esta ecología ofrece la posibilidad de poner en un diálogo horizontal el conocimiento científico y otras formas de saberes. Esta apertura no solo permite un reconocimiento de la diversidad epistemológica de saberes en el mundo sino también, según señala Santos (2009), significa que se esta haciendo justicia cognitiva global. En el caso de Villa Paranacito, los encuentros con los alumnos y docentes de la escuela técnica permitieron al equipo de investigadores cuestionar las formas tradicionales de construcción de conocimiento en el campo científico-tecnológico. La planificación de sucesivos viajes y encuentros con diferentes actores de la localidad hicieron que el desarrollo tecnológico de producto, se nutriera de distintos saberes: de los aserraderos locales la obtención de datos acerca de la comercialización de la madera, cortes y desperdicios mínimos del material, la escuela técnica genero aportes tales como la necesidad de generar mayor simplicidad en los componentes, menor cantidad de cortes y uso de herramientas más simples y el equipo de Conicet intercambió con la escuela aspectos técnicos y estructurales de la vivienda como la rigidización de los componentes frentes a cargas verticales y vientos. En este sentido, epistemológicamente el proyecto asistió a una transición hacia la construcción de otro paradigma basado en la construcción colectiva de conocimiento no excluyente que incorpore los valores, intereses, necesidades y saberes de los diversos sectores a partir de procesos endógenos. Este nuevo posicionamiento hace que el grupo de investigadores abandone la lógica de transferencia y capacitación, formuladas en el inicio del proyecto, para poner en diálogo otros saberes no científicos, reconociendo en las prácticas sociales dominios de saber a partir de los cuales se generan objetos, conceptos y técnicas, que están contextualizados a su entorno, haciendo de los actores locales verdaderos sujetos de conocimiento.

La segunda racionalidad dominante es para Santos la monocultura del tiempo lineal, proponiendo *la ecología de las temporalidades*. Paralelamente, a la concepción del tiempo lineal, existen diferentes culturas, cuyas prácticas poseen reglas distintas del tiempo social siendo comunidades policrónicas, que viven dentro del tiempo, valorizan la discontinuidad y se incluyen en una progresión no lineal. En el caso de Villa Paranacito, el proyecto no se concibió como un proceso lineal y predefinido sino como un proceso sistémico y flexible donde se fueron tomando decisiones colectivas a lo largo del tiempo. Así mismo, el intento por colocar los saberes de diferentes actores locales, el uso del recurso natural en la construcción de viviendas, respetando la cultura del lugar, el uso de maquinarias y herramientas simples para su construcción, generaron un desarrollo tecnológico que según la lógica científica-tecnológica, en términos de Santos de la monocultura del tiempo lineal, constituiría una tecnología "no de punta" siendo más bien tradicional, simple y pre-moderna. Por lo tanto, podemos decir que la búsqueda de una tecnología, que incorpora la experiencia local, implica una lógica diferente de construcción ya que valora mas al proceso antes que el producto, generando procesos más largos, complejos y no lineales y donde los resultados muchas veces son en términos cualitativos más que cuantitativos.

La tercera racionalidad dominante es para santos la monocultura de la naturalización de las diferencias y propone *la ecología de los reconocimientos*. Con esta ecología, Santos (2009: 120) intenta abrir espacios para la posibilidad de "diferencias iguales" a partir de reconocimientos recíprocos y de la de-construcción de la jerarquía como producto de la diferencia. En el caso de la experiencia, el desarrollo tecnológico surge a partir del reconocimiento de la diferencia cultural (recurso natural), de la identidad colectiva (experiencia social en términos de manejo del recurso natural y viviendas en madera) y de la necesidad de autonomía local (desarrollo tecnológico alternativo). La llegada y trabajo del equipo de investigadores en la localidad permitió un acercamiento con la escuela técnica y la puesta en marcha de investigaciones profundas hacia el recurso forestal de la localidad. En este sentido, el proyecto de investigación, en términos científico-tecnológico, comienza a transitar un período de transición paradigmática hacia nuevas formas de construcción de conocimiento ya que intenta construir espacios de luchas articulando el conocimiento científico con el reconocimiento cultural y político y la redistribución económica y social.

La cuarta racionalidad dominante es para el autor la monocultura de lo universal y para ello propone *la ecología de las trans-escala*. Esta ecología considera que la única forma de existencia posible no es la universal ni global, sino que también los conocimientos y prácticas se articulan en función de escalas locales, nacionales y regionales. Por lo tanto, Santos propone a través de esta ecología recuperar y proteger aquellos aspectos locales que hasta hoy han sido invisibilizados. En el caso de la experiencia, el reconocimiento y valorización que el proyecto hace sobre el recurso natural local despertó en los actores de Villa Paranacito la apertura de líneas de acción antes nunca realizadas. Después de dos o tres años de trabajo de investigación, a cerca de las propiedades físicas y mecánicas de la madera de álamo, la propuesta de un CAT ante la SSDUV se convirtió en una herramienta técnica que permitirá a futuro generar articulaciones entre lo local con lo provincial y nacional. Dichas articulaciones, a través de un tipo de desarrollo tecnológico alternativo, aparece en la localidad como punto de resistencia hacia el desarrollo de tecnologías convencionales y contra la exclusión social impuesta por la globalización neoliberal. La solicitud de programas nacionales habitacionales a través del CAT, no solo genera una dinámica local alternativa con su eventual autonomía sino también visibilidad en la región.

Por último, la quinta racionalidad dominante es la productividad que en el modelo hegemónico de desarrollo genera concentraciones del poder y desigualdades socio-económicas. Así, Santos propone la *ecología de las producciones y distribuciones sociales*, valorando la existencia de alternativas de otras producciones orientadas por criterios de calidad de vida, desarrollo sostenible, organizaciones económicas cooperativistas o solidarias, etc. El proyecto de investigación se posicionó desde el inicio por la construcción de enfoques y modelos alternativos que generen espacios donde los constructos sociales sean cooperativos y solidarios, de espacios de participación horizontal y de acciones distributivas basadas en la inclusión social. En ese sentido, se advierte un claro cuestionamiento hacia las políticas económicas del modelo de desarrollo capitalista. El reconocimiento del recurso natural potencial y la producción monopolizada del mismo fueron los elementos motivadores para la generación de propuestas como la diversificación del uso del recurso de la madera de álamo y el fortalecimiento de cooperativas, mypes, etc. La interactoralidad como proceso y un sistema constructivo en madera de álamo fueron los elementos claves que respondieron al enfoque epistemológico planteado, generando en la localidad aspectos tales como: 1) La confianza del municipio hacia el grupo de investigadores del Conicet permitió incorporar a las prácticas locales, nuevas formas de organización en términos productivos y habitacionales. El apoyo hacia el recurso natural local, la incorporación de cuatro técnicos carpinteros para la producción de componentes, la compra de nueva maquinaría, la gestión del CAT como herramienta solidaria en la política socio-habitacional, fueron algunas de las acciones que el municipio llevo adelante; 2) Conformación de una mype para la realización de las aberturas de la vivienda: el proyecto contrato a uno de los carpinteros municipales, acción que motivo luego a que dicho actor local invirtiera en la compra de maquinaria y armara su propio emprendimiento privado; 3) La escuela Técnica a través de sus alumnos y docentes: como productores de componentes para las viviendas (revestimiento interior) 4) La incorporación de la bloquera municipal en la construcción de las viviendas disminuyendo costos y revalorizando la producción local de los mismos y 5) la gestión del CAT como instrumento político que permite poner en marcha el circuito productivo ya no a nivel experimental sino a escala.

CONSIDERACIONES FINALES

El presente trabajo inicia su recorrido a partir de una revisión crítica acerca de los modos o las formas con que se conciben, desarrollan e implementan las Tecnologías en el campo del Hábitat. En ese marco se cuestiona la base cognitiva, fuertemente determinista, con la que se intenta resolver la problemática, caracterizando a estas tecnologías como Apropiadas. La noción de transferencia y capacitación se inscribe en la visión determinista de la tecnología, donde se destaca la idea del artefacto como lo singular sin importar donde se inserte y generando así procesos lineales y exógenos, que no admiten la incorporación de otros saberes en la construcción del problema y su posible resolución. En este sentido, las contribuciones teóricas adoptadas en el trabajo y el análisis empírico del caso Villa Paranacito permiten observar la viabilidad de la concepción e implementación de Tecnologías Sociales en el campo del Hábitat, a partir de una base cognitiva alternativa.

Por lo tanto, del presente trabajo se desprenden algunas consideraciones:
1) la tecnología es una construcción social cuyo resultado se da partir de procesos de negociación y de interpretaciones diferentes entre grupos sociales relevantes;
2) la tecnología es una construcción política, ya que el diseño de las mismas lleva implícito una series de intenciones, que influyen directamente en lo social de

manera positiva o negativa;

3) la necesidad de concebir a la tecnología como una producción "ad hoc" (proceso endógeno) y como solución sistémica, abarcando todas las dimensiones del problema, tanto sociales, económicas, culturales y políticas;

4) en lo referido al artefacto es posible generar tecnologías, incorporando a priori una serie de características alternativas a las hegemónicas: elecciones técnicas e incorporación de cualidades nuevas a los materiales que generen beneficios en el contexto donde se insertan, revalorización por los oficios y capacidades locales que permitan generar en los actores, participantes, la auto-organización y autonomía;

5) en lo referido al proceso, es posible generar tecnologías a partir de la puesta en diálogo del conocimiento proveniente del sector de CyT[14] y el conocimiento local históricamente acumulado, la puesta en valor de los procesos no lineales y complejos, el reconocimiento de la diferencia cultural, de la identidad colectiva y de la necesidad de autonomía local, generando una mayor visibilidad.

En este sentido, el presente trabajo nos propone a sumergirnos en un proceso complejo de de-construcción para luego re-construir una tecnología que permita resolver la problemática del hábitat a partir de abordajes no deterministas ni neutrales, intentando visibilizar la experiencia social que la racionalidad moderna se ha encargado de suprimir y como bien señala Santos (2009), re-construir la tecnología desde una comprensión del mundo mas amplia y más justa.

BIBLIOGRAFÍA

DAGNINO, R. (2008). *Neutralidade da ciencia e determinismo tecnológico. Um debate sobre a tecnociencia.* Brasil: Unicamp editorial.

DAGNINO, R. (2010). *0 pensamento Latino-Americano em ciencia, tecnología e sociedade (Placts) e a obra de Andrew Feenberg. En R. Neder (Ed), A Teoria Crítica de Feenberg: racionalizaçao democrática, poder e tecnología.* (pp 25-45) Brasilia: CDS

DE MOURA VARANDA, A. y BOCAYUVA, C. (2009): *Tecnología social, autogestao e economia solidária.* Rio de Janeiro, Brasil: FASE.

FEENBERG, A. (1991). *Critical Theory of Technology. New York: Oxford Univerity Press.* Versión electronica: http://www.sfu.ca/~andrewf/demspanish.htm

FEEBENRG, A. (2006). *Del esencialismo al Constructivismo: la Filosofía de la tecnología en la encrucijada.* Traducción de Lo Bianco y Perrone.

MACKENZIE, D. (2008). *Abriendo las cajas negras de las finanzas globales.* Redes 27 Revista de estudios sociales de la ciencia 14, 163-190.

PELLI, V. (1997). *La integración social como objetivo de las políticas habitacionales.* [En línea] revistainvi.uchile.cl. Fecha de consulta: 04 septiembre 2010]. Disponible en: http://revistainvi.uchile.cl/ojs3/index.php/INVI/article/view/222/197

PEYLOUBET, P. (2010a) (en prensa). *Democracia Cognitiva. Construcción, debate y operacionalización del pensamiento colectivo.*Ed. FAUD-UNC. Córdoba. Argentina

PEYLOUBET, P. (2010b) *Aportes al Plan Nacional de Ciencia, Tecnología e Innovación* 2011-2014. Mesa de trabajo: Ciencia, Tecnología e Innovación para el Desarrollo Social. Ministerio de Ciencia, Tecnología e Innovación Productiva. Argentina.

PINCH y BIJKER (2008). *La construcción social de hechos y artefactos: o acerca de cómo la sociología de la ciencia y la sociología de la tecnología pueden beneficiarse mutuamente.* En "Actos, actores y artefactos". Sociología de la Tecnología. Editorial Universidad Nacional de Quilmes. Buenos Aires.

RODULFO, M. (2007). *Políticas habitacionales y producción social del hábitat en la Argentina. Encuentros, desencuentros y aprendizajes.* En: Ciencia y Tecnología para el hábitat popular. Desarrollo tecnológico alternativo para la producción social del hábitat. Argentina, Córdoba, Nobuko. p 35-49. ISBN 978-987-584-187-1

SANTOS, B. (2009). *Una epistemología del Sur: la reinvención del conocimiento y la emancipación social.* México: CLACSO

THOMAS, H. y BUCH, A. (2008). *"Actos, actores y artefactos". Sociología de la Tecnología.* Editorial Universidad Nacional de Quilmes. Buenos Aires.

VALDERRAMA, A. Y RONDEROS, P. (2003). *El Futuro de la tecnología: una aproximación desde la historiografía. Revista Iberoamericana de Ciencia, Tecnología, Sociedad e Innovación.* ISSN 16815645. Número 5.

VALDERRAMA, A. (2004). *Teoría y Crítica de la Construcción Social de la Tecnología.* Revista Colombiana de Sociología N°23 p 217-233. ISSN 0120159X.

NOTAS

[1] Pinch y Bijker se constituyen en los fundadores del Constructivismo. El mismo fue conformado en asociación con los abordajes de la Teoría del Actor-Red (Latour y Callon) y los Sistemas Tecnológicos (Hughes) Su origen se dio en la Sociología del conocimiento científico que, a partir de los años 1980, pasa a ocuparse de la tecnología como objeto de estudio en el ámbito del Programa Fuerte de Edimburgo (Bloor, 1998 citado en Dagnino, 2008 p 101).

[2] Para una mayor ampliación del relato constructivista de la bicicleta ver en "Actos, actores y artefactos" Thomas y Buch, 2008.

[3] Politólogo norteamericano, autor de obras como Tecnología Autónoma: la técnica incontrolada como objeto del pensamiento político (1977) y La Ballena y el Reactor: una búsqueda de los limites en la era de la alta tecnología (1986)

[4] Andrew Feenberg (canadiense) filósofo de la tecnología.

[5] El autor lo ejemplifica de este modo: El tiempo presente hace mirar a una persona que cultiva la tierra con un apero a un campesino pre-moderno.

[6] Consejo Nacional de Investigaciones Científicas y Técnicas.

[7] PID 23121: Diseño e implementación de un circuito productivo interactoral de casa partes de madera que contribuya al fortalecimiento del perfil productivo del lugar, en el marco del desarrollo local". Caso: Villa Paranacito. Pcia. de Entre Ríos. Director: Héctor Massuh. Co-Directora:Paula Peyloubet.

[8] Agencia Nacional de Promoción Científica y Tecnológica: Organismo financiador

[9] Centro Experimental de la vivienda económica. Unidad Ejecutora de Conicet – Ciudad de Córdoba

[10] Subsecretaria de Vivienda y Desarrollo Urbano de la Nación

[11] PICT 670: Estudio teórico empírico de especies maderables no convencionales para su aplicación en la construcción de vivienda. Caso: álamo" Directora: Paula Peyloubet.

[12] Tesis doctoral de la Biol. Gabriela A. Valladares cuyo tema de investigación es: "Desarrollo de matrices poliméricas biodegradables para la liberación controlada de feromonas en el control de plagas. Caso: *Megaplatypus mutatus*". Dicha tesis se enmarca dentro del Doctorado de Ciencias Químicas de la Facultad de Ciencias Químicas de la Universidad Nacional de Córdoba.

[13] Taller de Investigación y Diseño Estructural de la Facultad de Arquitectura de la Universidad Nacional de Córdoba.

[14] Sector de Ciencia y Tecnología

Hacia una Socializacion del Conocimiento Cientifico

Un abordaje interdisciplinario a la realidad habitacional, económica y forestal de Villa Paranacito

Valladares, Gabriela

El reconocimiento de un recurso natural renovable y la problemática en la producción social del hábitat de una pequeña localidad del sur entrerriano llamada Villa Paranacito (localizada en el Delta argentino), fueron los disparadores para un trabajo de investigación cuyo objetivo fue la implementación de un Circuito Productivo Interactoral que integrara los saberes y quehaceres de diversos actores de la localidad (el municipio, la carpintería municipal, la escuela técnica, pequeñas y medianas empresas, aserraderos, producciones forestales, las familias necesitadas y el organismo de Ciencia y Tecnología: CONICET) y que produjera hábitat en un sentido más amplio.

El proyecto de investigación se inició con el reconocimiento de un problema generado a partir de un ineficiente uso de un recurso natural renovable (madera) de la localidad. A partir de este reconocimiento se trabajó en la diversificación del uso de dicho recurso, basándose en la producción de vivienda, producción que se suma sinérgicamente a la demanda del déficit habitacional en la zona: fue así que tal Circuito permitió la inclusión y trabajo en conjunto de y con los diferentes actores intervinientes.

Los dos tipos de demandas reconocidas en la localidad fueron entonces abordadas por tal proyecto de investigación: en términos de demanda habitacional se desarrollaron componentes para vivienda de madera (casa partes), pudiendo constituir un sistema constructivo para vivienda en sí mismo o componentes adaptables para tecnología de vivienda tradicional, dando respuestas a la demanda de vivienda nueva como de mejoramiento habitacional. La otra demanda reconocida en la localidad: la subutilización del recurso local, *la madera*, fue abordada desde otra perspectiva intentando mejorar la calidad de la misma, en un intento de diversificación del uso del mismo y potenciando así los beneficios que ofrece tal elemento en términos constructivos.

Particularmente este artículo detalla los avances surgidos en este último enfoque.

RECONOCIMIENTO DE UN PROBLEMA

Los recursos del país, bienes de subsistencia, deberían permitir resolver las múltiples necesidades de su sociedad. La ineficiencia en el uso de los recursos genera una disminución de las posibilidades para resolver dichas necesidades.

Por un lado, en la Argentina la problemática del hábitat popular se reconoce por la existencia de carencias múltiples relacionadas algunas con la materialización de dicho hábitat, y por otro lado el país posee una incipiente producción forestal actualmente en alza, siendo su diversidad territorial y geográfica una fortaleza para apuntalar dicha producción: La mayor producción forestal renovable en Argentina reconoce especies de crecimiento rápido y ciclos de corta duración de producción, las más reconocidas hasta el momento en la construcción son las madera de pino y de eucalipto, las Salicáceas, esto es álamo y sauce, no son utilizadas convencionalmente para la construcción de vivienda. Allí reside el desafío de la presente propuesta investigativa constituyendo un avance sobre la temática planteada.

Estos dos planteamientos pueden integrarse para construir una respuesta sinérgica para ambas situaciones: déficit habitacional-producción maderera a mayor escala y en especies de crecimiento rápido diversificando las especies en cuestión y las posibilidades de regiones forestales del país.

Como se mencionó anteriormente, existen especies maderables de baja densidad y crecimiento rápido, que no son convencionalmente incorporadas en la construcción, que pueden sumarse al elenco de materiales utilizados en múltiples rubros de la misma a bajo costo, buen rendimiento técnico y eficiente reposición en mercado, originando una oferta posible para el mercado de la vivienda popular y otras. La madera de álamo, especie maderable de baja densidad y crecimiento rápido, puede integrar el elenco de materiales para la construcción en los rubros estructuras, envolventes y revestimiento para vivienda.

Los mercados nacionales que deben abastecerse requieren mayor volumen y una mejora en la calidad de la madera de álamo ofrecido con respecto al actual. El 90 % de la madera de Salicáceas de la región, tiene como objetivo el triturado y por lo tanto, no se le realizan los manejos necesarios (silvicultura) para darle mayor rinde en campo. Es necesario entonces obtener no sólo cantidades importantes de este tipo de madera con mejoras en sus diámetros, longitudes y conformación, sino que también deben producirse mejoras en la calidad de la misma eliminando patologías propias del material tales como ataque de bióticos y abióticos cuyas acciones impactan especialmente sobre la calidad de la madera.

La realidad forestal del NEA (Noreste Argentino) registra un uso ineficiente de la madera de álamo (*Populus deltoides*), ocasionado por una mono producción destinada en un 90% a celulosa para papel y aglomerados que, además del efecto contaminante en su industrialización, no contribuye en la calidad de la producción de la materia prima en campo, con la consecuente limitación en el destino de dicha madera.

La utilización de este material en la industria de la construcción otorga nuevas posibilidades a la producción forestal generando valor agregado a esta producción, propiciando encadenamientos productivos especialmente en zonas marginales del país a partir de la diversidad de las actividades productivas, promoviendo el uso sustentable de los recursos naturales de la región y una producción-uso del material más benigno con el ambiente.

En un intento de abordar las contrariedades antes expuestas, se desarrolló un trabajo interdisciplinario que abarca aspectos de producción forestal, entomológicos y químicos que se ponen al servicio de la problemática habitacional. Son razones de peso para este trabajo la obtención de madera de buena calidad independiente del uso de agroquímicos para lograr una actividad forestal sustentable en términos ecológicos y ecosistémicos.

El reconocimiento de la necesidad de obtener madera de buena calidad, condujo a un análisis sobre las posibles causas que podrían estar afectando tal característica requerida en términos constructivos, de esta manera se detectó que en los principales polos productivos del país un insecto denominado taladrillo grande los forestales (*Megaplatypus mutatus*), disminuye notablemente la calidad de la madera por la creación de galerías/perforaciones en el interior de los troncos.

Entre los efectos negativos de la presencia de este insecto en el árbol se pueden citar: disminución en la resistencia mecánica del material para construcción, disminución drástica en la producción por unidad de superficie en cantidad y calidad, dificultad en la posibilidad de manejo de los rebrotes como continuidad de la explotación luego del corte, aumentos significativos de los costos de producción, así también como la disminución de su valor comercial por las manchas que presenta la madera (Gatti *et al.* 2007; Casaubon *et al.* 2006). La realidad presente indica que la manera de controlar esta plaga es por medio de insecticidas de amplio espectro con los consabidos efectos contaminantes sobre distintos sistemas y/o organismos que este tipo de aplicación puede llegar a ocasionar (ríos, flora, fauna, etc.).

Ante esta situación es que mundialmente el control de plagas se esta orientando hacia métodos de bajo impacto ambiental (Khan *et al.*, 2008). El reemplazo del uso de insecticidas de acción tóxica generalista por compuestos específicos para la especie problema es una contribución importante. Las feromonas son compuestos químicos sintetizados por los insectos para su comunicación intraespecífica y por su especificidad son los candidatos naturales para realizar un control de plaga concreto y definido.

La utilización de feromonas en el control de plagas ha sido ya demostrada y probada con éxito en muchas especies de insectos plaga (Deland *et al*, 1994; Cardé y Minks, 1995; Redy y Guerrero, 2004; Khan *et al.*, 2008). La aplicación de este tipo de técnicas es una alternativa de control compatible con programas de control biológico que tiene efectos mínimos en la salud humana y en el ambiente (Hegazi *et al.*, 2007).

En general las feromonas se utilizan formuladas en dispositivos de liberación controlada que se colocan en bosques naturales y plantaciones. En este tipo de sistemas, la feromona que actúa como permeante, deberá estar incluida en una matriz polimérica, que actuará como carrier ó vehículo. En el caso general, el permeante es un compuesto hidrofóbico que difundirá en el material polimérico que tendrá propiedades de barrera específicas. Los procesos de transporte y por lo tanto de liberación de la feromona, dependen de las propiedades físico-químicas del sistema (Cork *et al.*, 2001).

UNA FORMA MULTIDISCIPLINARIA DE ACERCARSE AL PROBLEMA

En este marco disciplinar tripartito: *forestal, entomológico* y *químico*, donde un problema general (obtención de madera de calidad inferior: *incumbencia forestal*) conduce a resoluciones de tipo específicas como es el control de una especie plaga: *incumbencia entomológica*, por medio de dispositivos poliméricos de liberación controlada: *incumbencia química*, es que se desarrolló un trabajo de incumbencia pertinente y necesaria en el escenario de hábitat desde una perspectiva de desarrollo local integrado.

Las distintas disciplinas intervinientes en el avance del presente trabajo fueron abordadas desde distintos *métodos investigativos*:
La situación *forestal* fue reconocida en la zona de Villa Paranacito, Entre Ríos: Se realizaron *entrevistas* con los productores de la zona, así también como *reuniones* y *encuentros* con los directivos de la Cooperativa Forestal que nuclea a los mismos, se hicieron reconocimientos a campo, donde se recorrieron y estudiaron distintos campos forestados con la especie *Populus deltoides*, de esta manera se conoció por un lado la situación general en cuanto a factores bióticos que afectan el lugar, como así también la situación de las producciones del NEA y el perfil productivo de su trabajo.

La realidad *entomológica* fue reconocida en forestaciones donde este insecto causa pérdidas económicas, para esto se colocaron trampas específicas, se censaron los insectos, se identificaron por género y se ajustó el método del diseño experimental propuesto para la investigación.

Por último y respetando el planteamiento del presente trabajo, donde un problema de amplia envergadura, condujo la investigación a la postulación de posibles soluciones específicas y concretas es que se definen los avances logrados en la tercera disciplina abordada: *la química.*

Para la realización de los dispositivos de liberación controlada se eligieron polímeros de origen natural o sintético y que poseen las características requeridas para una aplicación en campo con mínimos impactos sobre el ambiente: son biodegradables, biocompatibles, no tóxicos y estables en ambientes naturales. Los polímeros elegidos fueron: quitosano y alginato. Tales polímeros poseen los beneficios nombrados previamente pero sus propiedades mecánicas deben ser mejoradas si se requiere que los mismos mantengan la performance en campo requerida en este tipo de control biológico; es por eso que tales polímeros fueron entrecruzados exitosamente con distintos compuestos que poseen las mismas características aceptadas en un manejo integral de plagas que las citadas para los polímeros elegidos.

Los entrecruzantes fueron: genipina (compuesto derivado de *Gardenia jasminoides* Ellis), polivinilpirrolidona (PVP), glutaraldehído y Cloruro de Calcio.

Además del mejoramiento en las propiedades mecánicas estos entrecruzantes colaboran en la retención de los compuestos feromonales, por este motivo se realizaron dispositivos con distintas densidades de entrecruzamiento, controlando de esta manera la cinética de liberación de los compuestos incorporados.

Los compuestos feromonales que se comportan como llamadores o disparadores de comportamientos sexuales propuestos para ser utilizados en estos experimentos fueron identificados previamente y son los siguientes: 6 metil 5 hepten 2 ol (sulcatol), 6 metil 5 hepten 2 ona (sulcatona) y 3 pentanol (González Audino *et al.* 2005),

Los sistemas de soporte de los compuestos feromonales realizados fueron tres: *films*, geles y microesferas. A continuación se individualizan los avances alcanzados en los distintos desarrollos de tales dispositivos:
Los *films* fueron elaborados por el método de casting solvente con una incorporación de sulcatol del 60% P/P.

Para verificar que el compuesto era liberado y detectado en el aire se utilizaron dos técnicas diferentes: Una de ellas es la llamada *SPME* (Microextracción en Fase Sólida): Para utilizar esta técnica el dispositivo de liberación era ubicado en un vial y se mantenía el mismo por una hora, transcurrido este tiempo se inyectaba en el vial una fibra de adsorción que capturaba los posibles volátiles que podrían estar siendo liberados desde el dispositivo, luego se inyectaba esta fibra en un Cromatógrafo Gaseoso acoplado a un Espectrómetro de masas. Por un proceso de desorción los compuestos capturados eran liberados al Cromatógrafo para análisis correspondientes.

Por otro lado se realizaron experimentos de *Venteo de Nitrógeno*, en este caso, el dispositivo de liberación controlada era colocado en un sistema de corriente de este gas. Al pasar el gas por el dispositivo de liberación, los volátiles liberados del mismo eran capturados en un balón de recolección, luego con un solvente adecuado se recogía lo capturado y se sembraba en placa cromatográfica comparando con un control para determinar su presencia.

Por medio de estas técnicas pudimos confirmar que el sulcatol, fue efectivamente ocluido en el *film* y tal liberación fue detectada aún a los 13 días de elaborados los dispositivos. Tales resultados resultan promisorios en el uso del quitosano como componente principal de los dispositivos de liberación, ya que podemos afirmar que puede ocluir el compuesto de interés, lo libera y particularmente es interesante el registro del mismo *en aire*.

Con el objetivo de trabajar con sistemas porosos y de esta manera contribuir con tal estructura a la salida del sulcatol, la experimentación se condujo hacia matrices de tipo: *gel.*

Los geles fueron preparados usando quitosano (con una incorporación de sulcatol al 70% P/P), y alginato (con una incorporación de sulcatol al 80% P/P).

En el caso del gel de quitosano la liberación fue determinada por dos tipos de experiencias: por un lado para asegurarnos que el compuesto de interés era detectado en el aire, se determinó dicha acción por la técnica de Venteo de Nitrógeno. Por otro lado, se realizaron experimentos de solubilización del sulcatol en etanol: En este caso, iguales volúmenes de gel cargados con sulcatol fueron introducidos en distintos viales de liberación, en cada uno de estos viales se introdujo 5 mL de etanol y diariamente se hacían extracciones para inyectar en cromatógrafo gaseoso, el resultado de esta experiencia indicó que se liberó el 85% del sulcatol a incorporar y que tal liberación se mantuvo de manera controlada al día 10 de la experiencia.

Para el caso del *gel de alginato*, la liberación se determinó por dos técnicas: Venteo de Nitrógeno y por experimentos de diálisis, donde el dispositivo era ubicado en un vial de diálisis (con una membrana adecuada para tal fin) y éste era inmerso en un vial que contenía un volumen conocido de etanol. Se realizaron extracciones diarias de 2 mL de etanol para medir por Cromatografía Gaseosa con reposición del mismo volumen de solvente.

De estas experiencias podemos concluir que el uso de este polímero fue efectivo en la oclusión del compuesto (Venteo de Nitrógeno), pero que no demuestra una buena retención del mismo (proceso indispensable en sistemas de liberación controlada), ya que al día 2 del experimento se liberó el 94% del compuesto de interés.

Con la intención de aumentar la concentración de sulcatol incorporada, de lograr con el diseño una mayor superficie expuesta de liberación, una mejor liberación sostenida en el tiempo y de obtener dispositivos más fáciles de transportar a posibles sitios de infestación con *Megaplatypus mutatus*, el diseño de matrices poliméricas se condujo hacia el de microesferas: En función de los resultados obtenidos: el quitosano por un lado, demostró buena capacidad de oclusión y una adecuada cinética de liberación en la forma de gel, pero conociendo que las propiedades mecánicas en las esferas debían ser mejoradas para mejorar la capacidad oclusiva de las mismas y que por otro lado, el alginato era un buen agente para formar esferas mecánicamente adecuadas pero que la oclusión en estas matrices debía también ser mejorada, la experimentación se condujo hacia otro diseño de dispositivos:
Aprovechando las propiedades polielectrolíticas de los polímeros usados hasta el momento: quitosano (policatión) y alginato (polianión) se comenzó con el estudio de la formación de esferas combinadas con los dos polímeros.

Con este nuevo sistema se buscó: Aumentar las propiedades mecánicas de las esferas, mejorar la estabilidad y la esfericidad de las mismas, disminuir la porosidad y permeabilidad, reducir la pérdida de droga en el proceso de encapsulación, aumentar la capacidad de retención, y controlar la liberación de la droga aumentando el tiempo de liberación sostenida.

Las opciones en estos sistemas permiten formar dispositivos con corazón de un polímero y recubrimiento con el otro. Cabe destacar que aún en estos sistemas combinados, los polímeros debieron entrecruzarse para mejorar mecánicamente sus propiedades, el quitosano fue entrecruzado con genipina (en reemplazo del glutaraldehído usado en las esferas simples de este polímero), mientras que el alginato fue entrecruzado con cloruro de calcio (usado también en la formación de las esferas simples de este polímero).

La liberación de sulcatol desde tales sistemas fue estudiada por la técnica de "viales de liberación" y seguida la cinética por Cromatografía Gaseosa.

Las esferas combinadas con corazón de alginato-cubierta quitosano son las que demostraron una oclusión del compuesto de interés y una liberación que se prolongó al día 7 de la experiencia, alcanzándose una liberación del 30% aproximadamente. En este sentido, es probable que el sulcatol no haya sido ocluido completamente.

Los ensayos de Espectroscopía Infrarroja y de Microscopía demuestran que las esferas efectivamente poseían ambos polímeros.

Por los resultados obtenidos se logran las siguientes conclusiones:1) Se comprobó que la oclusión en quitosano es efectiva y por lo tanto promisorio el uso de este polímero en dispositivos de liberación controlada. 2) Se decidió por la alternativa: esferas por la necesidad de aumentar la concentración ocluida y la superficie expuesta. 3) De las esferas combinadas, la de corazón alginato-cubierta quitosano mostró la mejor formación y cinética de liberación. 4) Se logró la puesta a punto del método de detección de liberación de los compuestos feromonales por Cromatografía Gaseosa. 5) Se obtuvieron las cinéticas de liberación de diversas matrices poliméricas.

CIENCIA BASICA-CIENCIA APLICADA

El camino que se recorrió en la presente investigación partió desde lo macro (problemática forestal-entomológica), hacia lo micro (química de laboratorios) y muchos de los resultados expuestos previamente así lo demuestran; es en este momento de la investigación donde se pretende dar nuevamente la vuelta al proceso y conducir lo producido puertas adentro (microesferas poliméricas para el control de plagas) hacia afuera (plantaciones forestales infestadas). De esta manera se podrá revalorizar una ciencia dura como es la química, donde la mayoría de las veces se queda puertas adentro o "ciencia adentro", donde el conocimiento sigue siendo para los que saben y entonces el lugar cómodo de la ciencia básica podrá ser corrido de lugar y generar cierto ruido y sobre todo utilidad en ámbitos de necesidad real (social, ambiental, etc.). La ciencia básica es necesaria pero no debe dejar de ser estudiada las posibles aplicaciones derivadas de esa ciencia, no en un intento de confrontar lo básico *versus* lo aplicado, pero sí poder alcanzar en algún momento el binomio: lo básico *para* lo aplicado.

El desafío es entonces recoger lo aprendido por tantos, ponerlo al servicio de la vida real y generarle utilidad.

BIBLIOGRAFÍA

CARDÉ R.T. y MINKS A.K. (1995). "Control of moth pests by mating disruption: successes and constraints". Annual Review of Entomology 40: 559-585.

CASAUBON E., CUETO G. y SPARAGINO C. (2006). "Diferentes comportamientos de *Megaplatypus mutatus* en un ensayo comparativo de rendimiento de 30 clones de *Populus deltoides* en el Bajo Delta Bonaerense del Río Paraná". RIA 35 (2): 103-115. INTA. Argentina.

CORK A., DE SOUZA K., HALL D.R., JONES O.T., CASAGRANDE E., KRISHNAIAH K. y SYED Z. (2008). "Development of PVC-resin-controlled release formulation for pheromones and use in mating disruption of yellow rice stem borer, *Scirpophaga incertulas*". Crop Protection 27: 248-255.

DELAND J.P., JUDD G.J.R. y ROLTERG B.D. (1994). "Disruption of pheromone communication in three sympatric leafroller (Lepidoptera: Tortricidae) pests of apple in British Columbia". Environmental Entomology 23: 1084-1090.

HEGAZI E.M., KONSTANTOPLOU, M.A., MILONAS, P., HERZ A., MAZOMENOS B.E., KHAFAGI W.E., ZAITUN A., ABDEL-RAHMAN S.M., HELAL I., EL-KEMMY S. (2007). "Mating disruption of the jazmines moth *Palpita unionalis* (Lepidoptera: Pyralidae) using a two pheromone component blend: A case of study over three consecutive olive growing seasons In Egypt". Crop Protection 26: 837-844.

GATTI P. ZERBA E. y GONZALEZ AUDINO P. (2007). "New trap for emergent *Megaplatypus mutatus*". The Canadian Entomologist 139: (6) 894-896.

GONZALEZ AUDINO P., VILLAVERDE R., ALFARO R. y ZERBA E. (2005). "Identification of volatile emissions from *Platypus mutatus* (=*sulcatus*) (Coleoptera, Platypodidae) and their behavioral activity". Journal of Economic Entomology 98 (5): 1506-1509.

KHAN Z.R., JAMES D.G., MIDEGA C.A.O., PICKETT J.A. (2008). "Chemical Ecology and conservation biological control". Biological Control 45: 210-224.

REDY G.V.P. y GUERRERO A. (2004). "Interactions of insecto pheromones and plant semiochemicals". A Review. Trends in Plant Science 9: 253-261.

Primeros Aportes a la Definición de un Diseño Bioclimático Participativo

Di Bernardo, Álvaro; Filippín, Celina

INTRODUCCIÓN

El reconocimiento de la problemática ambiental como una de las temáticas prioritarias de la actualidad no es una novedad. Son varios los indicadores que denotan esta realidad, entre los que se destacan el cambio climático, la emisión de gases de efecto invernadero (GEIs), la crisis energética, la sobreexplotación de recursos no renovables, entre otros. Del consumo energético global se sabe que aproximadamente un tercio del uso final de la energía corresponde al sector residencial, utilizados principalmente para la climatización interior de los locales e iluminación artificial, es decir lo que respecta al funcionamiento de los edificios (IEA, 2008). Desde diversos ámbitos se explicita la necesidad de abordar y brindar soluciones eficaces a esta situación; pero por lo general las mismas, si bien intentan ser integrales, realizan una construcción reducida del problema y, por consiguiente, de la misma solución.

Desde el campo de la arquitectura, se reconoce al diseño bioclimático como una de las posibles soluciones para mitigar el problema, el cual es entendido como la acción de proyectar considerando la interacción de los elementos meteorológicos con la construcción, a fin de que sea esta misma la que regule los intercambios de materia y energía con el medio ambiente, con un mínimo de contaminación y consumo, propiciando las condiciones que determinan la sensación de bienestar higrotérmico del ser humano en interiores (Morillón Gálvez, 2003).

Sin embargo, el inconveniente que se observa en la práctica, es que los técnicos que diseñan o investigan las viviendas bajo este criterio centran su enfoque en los factores físicos inherentes al objeto arquitectónico como artefacto, subordinando los factores socioculturales a los aspectos técnicos, reduciendo, de esta manera, su complejidad a dimensiones observables y manipulables experimentalmente dejando de lado las prácticas culturales, hechos tan relevantes en la percepción del confort. Así, la búsqueda se realiza por medio del uso de tecnologías que intentan reducir el consumo de energía, como el empleo de artefactos de calefacción, refrigeración e iluminación más eficientes, la elección de mejores aislaciones o la mayor o menor hermeticidad de la envolvente frente a las variables climáticas del entorno. En contraposición, no se tiene suficientemente en cuenta la forma en que las personas habitan y se relacionan con su vivienda-hogar o su contexto-hábitat, siendo esta una consideración fundamental en el comportamiento térmico y energético de la arquitectura. Esta situación es una de las causas por las cuales se produce un desfasaje entre lo que es diseñado y calculado en términos del proyecto, respecto de lo que finalmente resulta en el uso.

Por otro lado la arquitectura vernácula, entendida como aquellas estructuras hechas por los habitantes de una región mediante el conocimiento empírico, ha logrado adecuarse a las condicionantes del sitio y a la idiosincrasia de la comunidad, de acuerdo a un proceso lento de construcción como consecuencia de la acción conjunta de factores físicos y socioculturales estrechamente relacionados (Gonzalo, 2003). En esta arquitectura es muy común encontrar alternativas tecnológicamente exitosas, que luego pasan a formar parte del repertorio del diseñador de escuela o de investigadores. Uno de los campos temáticos de la arquitectura contemporánea que asume aprendizajes provenientes de esta sabia arquitectura, es el de la relación entre el edificio y su ambiente circundante. En ese sentido, se reconoce que es menor el impacto ambiental que produce la tecnología de esa arquitectura vernácula respecto del que produce la industria de la construcción hegemónica contemporánea. Otro de los campos temáticos, que también asume aprendizajes, es el referido al del confort interior que intenta alcanzar soluciones adecuadas para las personas. En ambos casos, sin embargo, prima el interés de los técnicos por una cuestión centrada principalmente en el producto tecnológico resultante y no en el proceso que dio origen al mismo.

Lo dicho hasta el momento, y los ejemplos que se describirán en el trabajo, no deben conducir a generalizaciones negativas. No se trata de decir que todo intento por mejorar el comportamiento termo-energético de la vivienda ha sido inútil; tampoco de expresar que la única forma válida de construir es a la *manera vernácula* porque, como se comentó, esta arquitectura es producto de un proceso lento de construcción (podría decirse que es de tipo transgeneracional) que no la hace apta para dar respuestas a los constantes cambios que se suceden en la actualidad. En todo caso, vale destacar que son numerosos los ejemplos donde se han conseguido importantes mejoras en el hábitat y si, en este ensayo, se pone la lupa en algunas deficiencias es porque el interés se centra en fundamentar una propuesta de ajustes y correcciones en el proceso general de diseño de la vivienda bioclimática.

En este sentido, se puede reconocer la necesidad de construir abordajes que articulen la sistematicidad del enfoque científico tecnológico y lo implícito del modelo vernáculo, con el objeto de realizar aportes a la construcción del problema-solución, tendiente a lograr una mirada más compleja y holística de la situación. Se intentará, a partir de la revisión de los principios y conceptos en los que se fundamenta cada uno de estos modelos, detectar aquellas variables complementarias de la arquitectura popular que puedan aportar a una comprensión más compleja, evitando respuestas simplificadas que no permiten abordar la multidimensionalidad de la problemática que se presenta.

LIMITACIONES DE LA ARQUITECTURA BIOCLIMÁTICA

Es a partir de la década del '70 con la crisis energética, hoy ampliada a una crisis ambiental, que empieza a evidenciarse a escala planetaria un cambio de paradigma en varios sectores; en el ámbito de la arquitectura se reconoce al diseño bioclimático como una de las posibles soluciones para mitigar el problema. Hoy en día, *el bioclimatismo*, pareciera presentarse como un movimiento o una de las principales tendencias que animan el contexto cultural de la arquitectura, tal es así, que desde entonces la posibilidad de atacar la crisis ambiental y energética por medio de tecnologías y prácticas más eficientes y "amigables" con el entorno, han ido ganando terreno y son objeto reiterado de presentaciones en conferencias y congresos, como así también en el ámbito práctico profesional.

Nos encontramos transitando una época donde las respuestas a los problemas surgen de los avances científicos y tecnológicos, las cuales se fundamentan en la objetividad de los datos. Así, en lo que al diseño de edificios se refiere, surgen numerosas metodologías que, por lo general, se basan en procesos lineales con etapas bien definidas a partir de la formulación de una serie de supuestos iniciales donde se analizan, entre otras cuestiones, el clima del lugar, la localización geográfica, el sitio de implantación del edificio, recursos disponibles, además de los requisitos impuestos por el tipo de uso y de las condiciones de confort del usuario. Datos, que son perfectamente definidos y cuantificados por el técnico, con los que reduce la complejidad del problema a una escala manejable para la construcción de la solución.

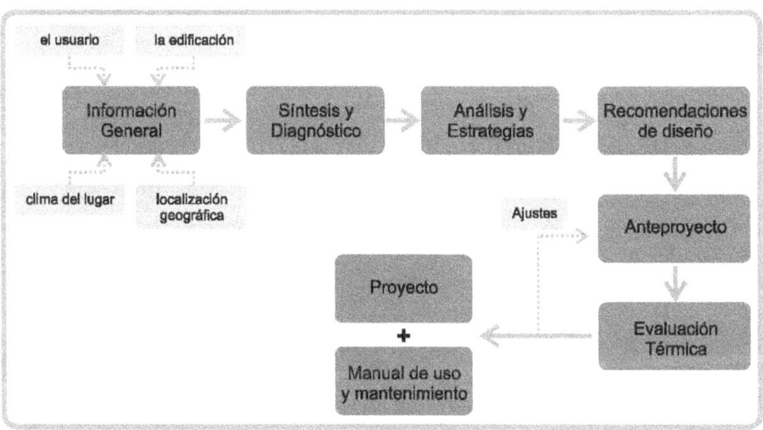

Figura 1: ejemplo de una metodología general para el diseño bioclimático (Morillón Galvez, 2003)

Ejemplo de ello, es la determinación de la sensación de *confort*[1] del individuo, la cual se realiza a través de una aproximación racional con índices de aplicación universal, considerando a todos los seres humanos como iguales[2] (Gómez Azpeitia, Bojórquez Morales y Ruiz Torres, 2007). Esto, inevitablemente, lleva a diagnósticos desfasados de la realidad, que podrían impactar negativamente en muchos aspectos, como por ejemplo en lo económico.

Tal es el caso de una escuela en Algarrobo del Águila, La Pampa, ubicada en una región que acusa el mayor porcentaje de necesidades básicas insatisfechas y el mayor índice de analfabetismo de la provincia, donde se determinó, en base a datos obtenidos de tablas y diagramas, la energía auxiliar que sería necesaria instalar para alcanzar la temperatura de confort adecuada. Cabe aclarar, que durante el diseño no se contaba con red de gas natural, por lo que los cálculos se efectuaron para kerosene. La instalación de la red y de los calefactores se dio posteriormente desde área de gestión de Educación, posiblemente dimensionando el sistema de acuerdo al volumen del aula. Luego de sucesivas mediciones[3] se detectó que el consumo real de energía era inferior a la estimada, puesto que los parámetros de confort de la comunidad educativa- usuario- respondían a distintos niveles de temperatura, obteniendo un ahorro de energía cercana al 95%, tanto en lo que respecta al uso de kerosene como posteriormente de gas natural (Filippín, 2005). Este desfasaje, que resulta positivo en lo energético, trae también consigo una instalación ociosa de equipos de acondicionamiento artificial que quedaron subutilizados. Si bien este ejemplo es presentado a modo de ilustración, se desprende un indicio que advierte sobre los riesgos que implican las generalizaciones, lo que estimula además a desarrollar nuevos abordajes que den cuenta de la heterogeneidad que supone el concepto de *confort*.

Más aún, por medio de los modelos de análisis, se pretende predecir o conocer el funcionamiento del objeto diseñado, donde la tendencia es conformar sistemas que determinen con mayor precisión los fenómenos termodinámicos que resultan entre el edificio y su entorno. Es decir, se busca un mayor entendimiento sobre su realidad material-tecnológica. Así surgen las simulaciones de modelos mediante herramientas informáticas o el monitoreo higrotérmico y energético de edificios existentes, muy utilizado en auditorías energéticas. Sobre este último punto, Casado (2001) afirma que en la mayoría de las auditorías energéticas no se considera al usuario como "variable interviniente" capaz de afectar los consumos energéticos en los edificios, sino sólo de manera "ideal y abstracta". Es decir, que a la determinación racional del nivel de confort de los usuarios se le suma un comportamiento *standard*, que se presume no afectará significativamente al desempeño energético del edificio. Para poder asegurar una cierta invariabilidad de estas condiciones en el proyecto, y con ello el éxito de la tecnología propuesta y un mayor acercamiento a los resultados previstos, se suele confeccionar un manual de uso y mantenimiento con el cual el tecnólogo determina el comportamiento del usuario.

Se han evidenciado casos en los cuales la performance energética del edificio funcionó dentro de los parámetros esperados mientras el usuario atendía correctamente a las indicaciones, alterándose los mismos cuando aparecían cambios en la rutina. Situación que pudo observarse en el pabellón de ecología de la Facultad de Agronomía de la Universidad Nacional de la Pampa, un edificio diseñado con criterios bioclimáticos donde se obtuvieron consumos reales de gas ampliamente superiores a los valores estimados de cálculo. Visitas periódicas al edificio mostraron que este desfasaje podría ser causa de que los usuarios no siempre levantaban la totalidad de la cortina de enrollar o las mismas permanecían cerradas por ausencia del investigador, lo cual resultaba en un área de ganancia directa distinta de la planteada en los cálculos, además de que los calefactores permanecían encendidos durante toda la noche (Filippín, 2005). Mucho se ha profundizado en investigaciones sobre este tema, siendo el comportamiento de los usuarios una de las cuestiones que más influencia tiene en la eficiencia energética de los edificios, factor que aún no es suficientemente tenido en cuenta en los proyectos (Filippín, 2005; Ouyang y Hokao, 2009; Sulaiman et.al, 2009; Di Bernardo et al, 2011).

Estas dos cuestiones, nivel de confort y comportamiento *standard* de los usuarios, sumados a una gran confianza en los avances científicos y tecnológicos, se encuentran muy instalados en el quehacer arquitectónico moderno, siendo los concursos internacionales una expresión fuerte de esta situación. Ejemplo de ello es el *Solar Decathlon*[4], en el cual desafían a veinte equipos universitarios a diseñar, construir y operar viviendas con energía solar, con el requisito de que sean eficientes en lo energético, atractivas y accesibles económicamente. No resulta difícil de entender, que se tratan de viviendas culturalmente descontextualizadas, para usuarios *standards*, materializadas con la última tecnología del momento, en las cuales se mide la eficiencia de las soluciones bajo ciertos parámetros objetivamente estipulados y no bajo reales condiciones de uso[5]. Esto no invalida los aciertos que en materia de diseño pudieran tener las distintas soluciones, ya que responde en parte a su contexto ambiental, lo que se pone en evidencia, y se cuestiona, es que se trata de un producto que resulta puramente del saber técnico y no de una construcción conjunta a partir de la participación y la opinión de la población destinataria, en definitiva, con sus futuros usuarios. Por otro lado, los éxitos de estas propuestas, que validan el saber técnico, quedan enlatados en premios, archivos y gestiones académicas, sin la legitimación, en la realidad, de las prácticas culturales de las personas que habitarán definitivamente las viviendas.

Pensada de esta manera, la arquitectura bioclimática considera al objeto arquitectónico en interacción termodinámica con el medio natural y al usuario como quien debe supeditarse y adaptarse al mismo, siendo además el responsable de hacerlo funcionar. En referencia a lo anterior, algunos autores opinan que el deficiente comportamiento termo-energético de la vivienda, que fuera diseñada bajo parámetros bioambientales, se debe al *incorrecto uso* del edificio por parte de los usuarios, o bien a la *no apropiación* de las tecnologías propuestas por los técnicos. En ambos casos los *no expertos* son vistos como agentes irracionales cuyas opiniones o acciones están determinadas por la falta de conocimiento, a partir de la cual se propone *educarlos* en la materia. Esto pone de manifiesto el hecho de que el edificio puede funcionar correctamente en tanto se utilice según lo propuesto inicialmente por el diseñador, dificultando otro tipo de uso. Lo expresado, lleva a plantearse como interrogante si es correcto y/o posible que el usuario deba modificar (y en todo caso supeditar) sus hábitos en función de los supuestos fijados por el arquitecto. Así, podría entenderse que en el estudio del problema-solución los factores físico-técnicos predominan sobre los socio-culturales, acotándose el abordaje a un enfoque puramente cuantitativo-materialista, siendo la tecnología resultante el reflejo de este proceso.

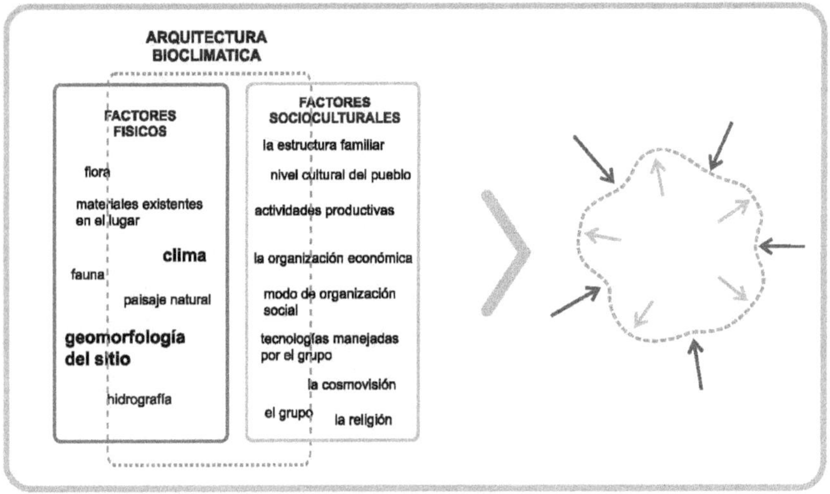

Figura 5: interpretación de la construcción del problema-solución desde la arquitectura bioclimática. Elaboración del autor.

LA COMPLEJIDAD DE LO VERNACULAR

Lo cierto es que cada día, en la producción tecnológica y de conocimiento, se evidencia una brecha mayor entre lo que puede considerarse como el paradigma dominante, instituido por el sistema científico y tecnológico, y el de los saberes desarrollados por fuera de éstos, como los conocimientos tácitos populares que sobreviven desde hace siglos. Situación que resulta un poco extraña de entender, considerando que históricamente el hombre ha sabido responder naturalmente de manera adecuada con su vivienda a las condicionantes del entorno, muchas de las cuales aún perduran en el tiempo, como ya fuera expresado por Rudofsky en su exposición de *Arquitectura sin Arquitectos* de 1964. Estas viviendas pueden encontrarse con mayor facilidad en pueblos o zonas rurales donde aún no es tan masiva la utilización de la tecnología moderna. Lo destacable de estas soluciones se fundamenta en el proceso que le da origen, la cual es consecuencia de la conjunción de diversos factores, estrechamente relacionados (Gonzalo, 2003):

- Factores socioculturales que incluyen el modo de organización social, el grupo, la estructura familiar, la religión, cosmovisión, organización económica, actividades productivas, relación con otros grupos con idéntica o distinta conformación, nivel cultural del pueblo, tecnologías manejadas por el grupo, etc.
- Factores físicos que incluyen todos aquellos dados por las características naturales del lugar; esto es: clima, características geomorfológicas del sitio, paisaje natural, hidrografía, fauna y vegetación, materiales existentes en el lugar, etc.

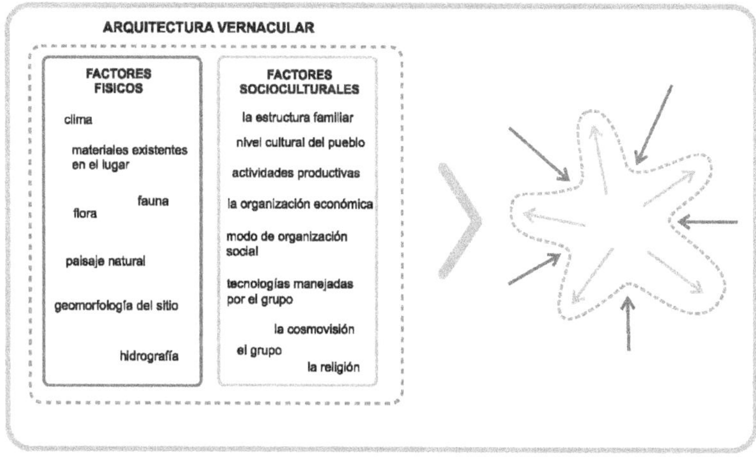

Figura 6: interpretación de la construcción del problema-solución desde la arquitectura vernacular. Elaboración del autor.

Relación que ya era establecida por Rapoport en su libro "Vivienda y Cultura" de 1972, en cuanto a la forma de la vivienda vernácula. Buenos ejemplos de ello son las viviendas palafíticas de materiales livianos con buena ventilación y control de lluvias que se encuentran en la mayor parte de los terrenos pantanosos y climas cálidos húmedos, las viviendas excavadas extendidas en numerosos países del norte de África de climas áridos, o el iglú esquimal de regiones con temperaturas medias inferiores a 30°C bajo cero con fuertes vientos y con escasos recursos disponibles en su emplazamiento.

La arquitectura vernácula, y propiamente la vivienda, es el resultado de siglos de evolución de una solución pragmática, la cual ha sido probada generacionalmente y ofrece la mejor opción funcional a las diversas actividades, tanto económicas del medio, como culturales propias de las relaciones sociales tradicionales (Torres Zarate, s/f). Así es que en una primera instancia se produce un tipo de edificio, que a medida que se desarrolla se va tornando más rígido y definido en todos sus aspectos (funcionales, constructivos, formales, entre otros), sirviendo de modelo en la generación de viviendas. Aún así, en esta "repetición", a pesar de que se reconocen características comunes, producto de los patrones culturales, poseen una individualidad propia que las hacen inconfundibles entre sí (Ortecho et al, 1986).

Esta forma de generación arquitectónica tiene sus ventajas, puesto que frente a la permanencia en el tiempo de los factores que la generaron, el modelo garantiza una adecuación eficiente. Pero, al mismo tiempo, es motivo principal del peligro que lleva implícito esta arquitectura y es la causa fundamental de su desaparición en muchos casos o su inadecuada adaptación en otros, puesto que al ser su concreción un proceso irreflexivo no puede adaptarse a cambios bruscos en los factores determinantes del modelo sino que requiere de una inercia temporal extensa hasta conseguir nuevos patrones normativos siguiendo el mismo proceso de prueba y error inicial, para definir el nuevo modelo (Gonzalo, 2003).

Es decir, que si bien a partir de este proceso se logra una vivienda que es armónica con el sujeto que la habita y con el medio al cual pertenece, al tratarse de un método empírico y pragmático lento, sería difícilmente aplicable para responder a las necesidades de una sociedad que experimenta constantes y veloces cambios. Aun así, es importante resaltar que la tecnología resultante es el producto de una construcción social a partir de las condicionantes que el medio le impone, en todas sus dimensiones. En la medida que, la arquitectura de un lugar, responda a las características del mismo y de las personas que lo habitan, será apropiada al conjunto de relaciones que se establecen entre los hombres y entre estos y su medio, posibilitando la durabilidad, el cuidado y la preservación del edificio (Pereira Gómez, 2000).

DISEÑAR CON PARTICIPACIÓN

Frente a este escenario, se hace necesario acortar la brecha entre lo que es ideado en el proyecto respecto a lo que resulta de su uso, reconociendo en primera instancia los aciertos que tuvo históricamente la vivienda vernácula. Para ello, el arquitecto debe interiorizar la importancia de cada uno de los factores que intervienen en la transformación del hábitat. No debe simplemente actualizar las soluciones presentes en las edificaciones tradicionales con el uso de nuevas herramientas y tecnologías, sino estudiar justamente el proceso que dio origen a las mismas, ya que fueron resultado de una interacción compleja entre las necesidades de los usuarios con su entorno a través del uso de los recursos disponibles.

Si bien el proceso lógico de diseño que sigue el técnico en la vivienda bioclimática se adapta a ciertos aspectos de la realidad fenoménica, no lo hace sobre los aspectos verdaderamente complejos, significando que debe desarrollarse y superarse en esta dirección. En enfoques de este tipo, en palabras de Edgar Morín (1990), el objeto es lo cognoscible, lo determinable, lo aislable y, por lo tanto, lo manipulable, mientras que el sujeto es lo desconocido (por indeterminado), el "ruido" que hace falta percibir a fin de lograr el conocimiento profundo del problema. Lo que se intenta es poner de manifiesto que el usuario (como sujeto) forma parte de las variables intervinientes en el fenómeno de estudio, por lo tanto se cuestiona a la perspectiva bioclimática su "objetividad", ya que el sujeto es reconocido sólo a través de una lógica reductible, la que es construida a través de la selección de una serie de indicadores que lo vuelven homogéneo, codificable y manipulable; ejemplo de ello es su estandarización, es decir, el modo en que se lo incluye en el proceso, ignorando que en aquella operación lógica, se reduce toda su complejidad.

A los técnicos no les debe asistir el derecho de trasplantar usos y costumbres a las personas, como queriéndoles imponer maneras de vivir ajenas o idealizadas. No se debe creer en fórmulas universales, ya que lo mejor no es lo mismo para todos. Es pertinente, quizá, preguntarse hasta donde es lícito diseñar prescindiendo del destinatario, diseñar desde el gabinete sin vinculación profunda con la realidad, diseñar sin participación. El proyecto de gabinete, sin las herramientas de una realista y racional metodología participativa es la manera corriente de encarar los proyectos; de tal manera, las propuestas surgen de la tradicional concepción académica propia de la profesión arquitectónica. Estas previsiones de uso entran en conflicto con los modos de vivir de las personas a las cuales están destinadas y son, con frecuencia, las causas de desajuste en la relación uso-diseño (Ortecho et al, 1986). Por lo tanto, el trabajo de gabinete no basta, porque el hábitat no es un virus aislable, ni un concepto puro, ni una geografía baldía; es un espacio donde la gente se mueve, trabaja, disfruta, sufre, interactúa, multiplica, habita. Para ello el habitante debe ser consultado, es bueno que opine, conviene que evalúe, es necesario que decida, ¡tiene que participar!

Será necesario, entonces, ampliar el enfoque, pensar en un método que sea capaz de incorporar la complejidad del usuario, y que ayude a romper con los datos tabulados y homogeneizantes que predeterminan las necesidades de confort o llevan a modificar los hábitos de las personas en relación al correcto funcionamiento del edificio, con lo cual se pretende controlar y dominar las expectativas, motivaciones, e intenciones de los sujetos que lo habitan, por medio de la subordinación de su conducta al funcionamiento del artefacto. Se trata de ejercitar en un pensamiento que sea capaz de dialogar y de negociar con la realidad. Será necesario incorporar al proceso los conocimientos, opiniones de las personas que usarán el edificio, como también considerar los modos de construcción locales, los recursos materiales del lugar, entre otros. En este sentido, el funcionamiento del artefacto deja de ser una condición intrínsecamente tecnológica, para pasar a ser el resultado de complejos procesos de construcción social (Pinch y Bijker, 1984).

En definitiva, lo que aquí se sostiene es un tipo de saber técnico-académico que complemente, y no sustituya, al saber popular-local, que se desdibuje la frontera de lo que únicamente puede manejar el técnico, para que la gente amplíe su participación en el proceso y tenga elementos para controlar la decisión final. En esta dirección se deben buscar alternativas epistemológicas que permitan construir de manera conjunta los conocimientos para abordar el problema-solución, por medio de una interacción equilibrada entre el saber académico, históricamente legitimado, y los conocimientos tácitos, sobrevivientes por siglos, capaces de producir nuevos cuestionamientos directamente relacionados con la realidad. La producción intelectual debe ser asumida entonces como la conformación compleja de saberes académicos y populares, tras la reconciliación de sectores puestos en valor a partir de sus saberes, idiosincrasias, deseos y necesidades. De esta manera se intenta y se lucha por complementar un saber académico y universalmente conocido con un saber consuetudinario y localmente reconocido. Se instala entonces la necesidad de nuevas formas de conocer y de interpretar donde la sabiduría popular se entrelaza con el saber formal dando lugar a nuevos abordajes problemáticos que se integren a la realidad con mayor compromiso, certeza y posibilidad de resolución exitosa (Peyloubet et al, 2011).

El aumento del bienestar de la población a través del mejoramiento del medio donde vive es función inherente a arquitectos, sociólogos, trabajadores sociales, ambientalistas, y otros. Insertar estos procesos en una dinámica que involucre a diversas disciplinas y al propio individuo en el proceso transformador de un entorno determinado, haciéndolo partícipe del mismo, es una corriente universal que día a día cobra más fuerza y muestra resultados alentadores, sobre todo en países de economías poco avanzadas (Pereira Gómez, 2000). Por esto y por lo expuesto a lo largo del trabajo, es que se considera menester avanzar en este sentido.

BIBLIOGRAFÍA

CASADO, J. C. (2001). "Auditoría energética en edificios. El consumo energético del sector residencial de San Miguel de Tucumán". En: *El usuario y su vinculación con el consumo*. 1ª ed.,1-7. San Miguel de Tucumán.

DI BERNARDO, A.; FILIPPÍN, C.; PIPA, D. (2011). "Monitoreo y simulación térmica energética de verano de una vivienda en condiciones reales de uso en clima templado cálido". En: *AVERMA*. Vol 15, 08.67 – 08.74.

FILIPPÍN, C. (2005). *Uso eficiente de la energía en edificios*. Amerindia, La Pampa.

FUENTES FREIXANET, V. (1998). *Arquitectura bioclimática*. Departamento del Medio Ambiente. Universidad Autónoma Metropolitana, Azcapotzalco, México.

International Energy Agency –IEA- (2008). *Energy efficiency requirements in building codes, energy efficiency policies for new buildings*. Francia.

GÓMEZ AZPEITIA, G., BOJÓRQUEZ MORALES, G., RUIZ TORRES, R. (2007). "El confort térmico: dos enfoques teóricos enfrentados". En: *Palapa*. Vol. II, 45-57. Universidad de Colima. México.

GONZALO, G. (2003). *Manual de la arquitectura bioclimática*. Nobuko.

MORILLÓN GÁLVEZ, D. (2003). "Comportamiento bioclimático en la arquitectura". Diplomado en Acercamiento a criterios arquitectónicos ambientales para comunidades aisladas en áreas naturales protegidas de Chiapas. Universidad Autónoma de Chiapas, México.

MORÍN, E. (1990). *Introducción al pensamiento complejo*. Ed. Gedisa, Barcelona.

ORTECHO, L. y otros (1986). *Los que habitan tienen la palabra*. Edición AVE-CEVE, Córdoba.

OUYANG, J. y **HOKAO, K.** (2009). "Energy-saving potential by improving occupants behavior in urban residential sector in Hangzhou City, China". En: *Energy and Buildings*. Vol. 41, 711-720.

PEREIRA GÓMEZ, E. (2000). "Relación arquitectura-comunidad desde un enfoque socioantropológico". En: *ISLAS*, 42(125):112-119. Editorial Feijóo.

PEYLOUBET, P. y Otros (2011). "Co-construyendo los problemas y las soluciones. Tejiendo vinculaciones entre Economía Social y Solidaria y Procesos de Tecnología Social". En: *IV Jornadas de Economía y Crítica*. Córdoba.

PINCH, T. y **BIJKER, W.** (1984). "La construcción social de hechos y de artefactos: o acerca de cómo la sociología de la ciencia y la sociología de la tecnología pueden beneficiarse mutuamente". En Thomas H. y Buch A., *Actos, actores y artefactos. Sociología de la tecnología.* (19-62). Universidad Nacional de Quilmes.

RAPOPORT, A. (1972). *Vivienda y cultura.* Edit. GG, Barcelona.

SULAIMAN, H.; BLASCO LUCAS, I.; FILIPPÍN, C. (2009). "Incidencia del usuario en el comportamiento higrotérmico estival de una vivienda convencional en San Juan". En: *AVERMA.* Vol. 13, 05.53-05.60

TORRES ZARATE, G. (s/f). *Arquitectura vernácula, fundamento en la enseñanza de sustentabilidad.* Recuperado el 20/05/2011 de http://www.arquitecturaypatrimonio.com.mx/html/ARTICULO18.pdf

NOTAS

[1] Entendida por Olgyay (2010) como la zona en la cual no se produce un sentimiento de incomodidad higrotérmica.

[2] En contraposición, existen otros enfoques que entienden y estudian al confort térmico como un estado mental en que se involucran variables subjetivas y no sólo el resultado objetivo de un balance energético entre el cuerpo humano y su entorno (Gómez Azpeitia et al, 2007).

[3] Se realizaron tres campañas de medición con distinto instrumental, con el edificio sin gas natural, con los calefactores a gas natural instalados, en condiciones reales de uso, y sin usuarios (Filippín, 2005).

[4] Solar Decathlon es una competición universitaria internacional que impulsa la investigación en el desarrollo de viviendas eficientes. El objetivo de los equipos participantes es el diseño y construcción de casas que consuman la menor cantidad de recursos naturales, y produzcan un mínimo de residuos durante su ciclo de vida. Se hace especial hincapié en reducir el consumo de energía, y obtener toda la que sea necesaria a partir del sol. Tiene su origen en la competición estadounidense US DOE Solar Decathlon en el 2002. A partir de la quinta edición, en el año 2010 se comenzaron a celebrar fuera de los Estados Unidos. Por convenio, la edición europea se celebra en los años pares y la norteamericana en los impares. (http://www.sdeurope.org)

[5] En ninguno de los puntos de evaluación se hace referencia al potencial usuario que podría habitar la vivienda, tampoco se considera la opinión del público (más que por el número de visitas que recibe la casa durante el certamen), así también, la evaluación del confort se realiza de manera objetiva, la que debe mantenerse entre ciertos parámetros (temperatura 22-24°C y humedad relativa entre 40-55%).

Sobre Por Qué es Necesario Convencer a las Ciencias Sociales

Ortecho, Mariana

LA INSTITUCIÓN CIENTÍFICA Y LOS DERECHOS A RÉPLICA

Más allá de los intentos enciclopédicos por encontrar una definición capaz de nuclear y abarcar los distintos conocimientos producidos bajo aquello que denominamos 'ciencia', resulta indiscutible que cada área del saber opera con una propia significación en torno a esta palabra, dados sus propios acervos teóricos, sus tradiciones metodológicas pero fundamentalmente sus aspiraciones gnoseológicas. Desde luego, la mecánica cuántica no espera lo mismo de la 'ciencia' que la antropología social.

Sin embargo, hay algo fundamental y común a todo aquello que se califica como 'científico' desde cualquier área de conocimiento, y ese rasgo o elemento está precisamente relacionado con el carácter estructural, o dicho de otro modo institucional, de este tipo de producción gnoseológica.

La ciencia, tanto para la biología como para la psicología es ante todo un conjunto de elementos instituidos. Desde los lenguajes que usan las diferentes formas de construcción de conocimiento para expresarse hasta aquellos postulados frecuentemente tácitos de orden ontológico, la 'ciencia' se presenta como una estructura preexistente a quien la nomina y parece encontrarse allí principalmente para dar cobijo y amparo racional a la perplejidad de ciertas observaciones o experiencias.

Producir conocimiento científico implica indefectiblemente ajustar cierta elaboración, de sentido en el caso de las ciencias sociales, a una tradición que en muchos aspectos se impone sobre aquello nuevo que intenta emerger.

Y no se intenta aquí adoptar una posición determinista sino por el contrario asumir que finalmente la tan mentada relación agencia-estructura también aparece en los distintos procesos de configuración y reconfiguración del campo científico, 'dejando ver' que el juego entre 'reproducción' y 'transformación' es siempre complejo, lleno de matices y singularidades. Todo producto científico, material o conceptual, es en alguna medida y algún aspecto congruente a aquellos que lo antecedieron. Es decir, todo conocimiento susceptible de llamarse 'científico' debe ser legible a los sistemas de representación del campo o pasará por una extravagancia, simpática o desafortunada, que jamás podrá resguardarse bajo las marquesinas de la producción de la 'ciencia'.

Por ello el punto que resulta importante señalar está en relación a la condición 'institucional' de la producción científica. Si bien cada nueva elaboración propone una modificación –en tanto completa, transforma e incluso a veces niega propuestas anteriores– ésta siempre se produce al interior de un 'pre-existente' estructural.

Las nuevas elucidaciones no pueden sino salir de un marco, fundamentalmente procedimental que ha indicado precisamente sobre los métodos, siempre lógicos, a partir de los cuales pueden surgir elementos originales.

Y si bien esta es la dinámica de producción del conocimiento 'denominado científico' en las sociedades 'denominadas modernas'[1], en los últimos años y particularmente desde cierto movimiento teórico-organizacional, parece estar produciéndose un juego nuevo entre agencias, digamos emergentes y estructuras preexistentes.

Las 'Ciencias Sociales' específicamente, como espacio de confluencia de distintas áreas de conocimiento, serían en rigor desde la constitución del mundo occidental, es decir colonial (Walsh, 2005), la invención 'institucional' de un conjunto de temas –en tanto enfoques recortados arbitraria y culturalmente desde una específica perspectiva– y abordajes –en tanto métodos de razonamiento deductivo, inductivo y en menor medida abductivo– que desde luego han devenido desde entonces en cierto tipo de 'producto' o 'resultado' a este tipo de actividad cognitiva.

De esta manera, las Ciencias Sociales no serían otra cosa que una construcción históricamente localizable (Lander, 2000; Castro-Gómez, 2007) cuyas condiciones contextuales de emergencia pueden perfectamente explicar su rasgo fundamental, atinente a la condición 'intelectual' del conocimiento, hoy enteramente naturalizada en el mundo académico.

¿Quién podría discutir que la Ciencia, y aquí en términos genéricos, es ante todo producción intelectual?
Efectivamente los propios marcos de producción, aquello que se señalaba líneas más arriba como el conjunto de elementos instituidos, establecen en primer término que el dominio de la producción científica está circunscripto a la razón y este postulado funciona como axioma –como postulado incuestionable– en casi todo el mundo de la academia.

Ahora bien, la producción intelectual se entiende en la tradición occidental como una forma de elaboración cognitiva particular, que a pesar de las aspiraciones universalistas modernas, también posee rasgos singulares que responden a una cultura representacional; es decir, a un hábito de producir significación posible de deconstruir y, lo más importante, trascender.

Y esta voluntad de comprender los rasgos de una forma de producir conocimiento

e intentar dilucidar 'modos otros' de producir sentido, por ejemplo social, susceptible de nominarse conocimiento no responde sino a una fuerza decolonizadora
que descree de la pertinencia, el provecho y la riqueza que puedan aportar las
Ciencias Sociales contemporáneas a un escenario como el actual, de degradación
y emergencia socio-ambiental.

Los juegos de 'la razón', como artilugios lógico-argumentales, parecen por momentos 'entretener' (y distraer) a todos aquellos que se acercan al mundo académico desviando la atención de las necesidades primeras, siempre sociales, que se
supone darían emergencia un hacer científico que debería generar hoy más que
'respuestas', cuestionamientos agudos a su marco continente.

Los múltiples procesos de endoculturación cognitiva a los que se somete cualquier persona al ingresar al sistema de educación formal no parecen ponerse en
tela de juicio en el nivel de formación doctoral, por ejemplo, en el que se espera
se desarrolle el sentido crítico epistémico, es decir en el que se espera se generen
posiciones originales no sobre el conocimiento sino precisamente sobre la forma
de producirlo.

Por el contrario, parece que quienes deciden iniciar un camino de este tipo deben
aceptar someterse a una violencia simbólica mayor –a las instancias de formación
previa– al aceptar que deben comprender lo que las Ciencias Sociales como institución universal han producido, sin ingresar en las necesarias 'arenas movedizas'
que conducen a preguntarse no sobre determinada teoría –lo que podría ser la obra
de cierto autor por ejemplo– sino sobre los mecanismos (cognitivos, políticos,
axiológicos, socio-afectivos, etc.) que le dieron posibilidad de ocurrencia y le permiten legibilidad y pertinencia actual.

Sin embargo, muchas de las personas que deciden ingresar en este mundo de la
construcción del hacer científico social parecen sentirse abrumadas por la imposición de 'una forma' de producir conocimiento –siempre racional, ceñida a una
lógica occidental altamente cuestionada– aunque con vertientes metodológicas
diferenciadas que fingen el juego de que es posible 'elegir'.

Claro, visto de esta manera las Ciencias Sociales no son el espacio propicio para
la conquista de las 'libertades', ni individuales ni sociales. El juego que proponen
es el del disciplinamiento cognitivo en el que, por ejemplo, la aspiración por una
sociedad más justa y equilibrada tiene que encontrar una forma casi milagrosa de
sobrevivencia.

Resulta lamentable pero es imprescindible reconocerlo y ponerlo de manifiesto:
No es necesario para aportar producción al ámbito científico –al menos social–
ofrecer nuevas ideas. Demostrar habilidad intelectual para manejar conceptos

abstractos y reproducir con fluidez las construcciones de autores consagrados es requisito suficiente para escribir y publicar un paper monográfico. Ahora –por suerte, amor o sudor– es cierto que no toda la producción científica social presenta estas características y la creatividad sabe a veces combinarse en dosis casi perfectas con la minuciosidad analítica.

Que la estructura se imponga sobre la capacidad de agencia individual es algo quizás inevitable, lo triste es cuando las agencias individuales –cuando las producciones teóricas en el caso de la producción científica social– se rinden antes de dar ninguna batalla y sólo aspiran a reproducir con fidelidad los juegos argumentales –finalmente lingüísticos– de ciertos autores, que como se dijo ya han sido consagrados por el mundo de la ciencia. En estos casos la academia se transforma en un templo de ecos, de voces distorsionadas que efectivamente logran asustar a cada nuevo visitante haciéndole sentir que la 'ciencia' –al menos la social- es un mundo de fantasmas e imitadores sin gracia. Y nuevamente esto –por suerte, amor o sudor– no siempre es así y son muchas las voces valientes que desde el propio mundo académico intentan generar posiciones diferenciadas animando a otros a dialogar con 'lo dicho'.

Porque claro, no se trata de obviar todo lo que hasta aquí se dijo o propuso así como tampoco se intenta en este escrito tomar aquellas producciones –instituidas– con ligereza e irrespeto. De modo diferente, la apuesta intenta centrarse en ampliar el poder de escucha, en pos de comprender profundamente sobre aquello establecido, y a partir de esta escucha inicial, erigir una respuesta no concluyente pero sí 'diferente'.

Finalmente es posible decir, y por jugar con los mismos términos que la modernidad impuso como universales, que se trataría de ejercer el 'derecho' a réplica, siempre y cuando se entienda por esto un contrapunto argumental y no una reproducción invariante que sólo dé cuenta de la ausencia de la versión original.

UNA SITUACIÓN PARTICULAR

Los movimientos de producción original que contestan a una ciencia instituida pulseando los marcos de aceptabilidad desde luego no han sido los más frecuentes, y es esperable que de ese modo haya sucedido. Lo emergente no puede superar lo establecido sino en situaciones particulares y excepcionales; de otra manera, el devenir de la producción científica se percibiría más como un estado de caos que como un sistema de orden conceptual o argumental.

Generalmente, y como se dijo, el sistema pre-existente aporta los métodos o los caminos procedimentales mediante los cuales pueden aparecer las nuevas informaciones. Sólo en situaciones atípicas, digamos esporádicas, la producción científica hace cuestionamientos sobre sus bases epistémicas o metodológicas[2]; y es condición necesaria para la constitución del campo esta falta de periodicidad.

Sin embargo, algo en la configuración epistémico cultural actual podría estar permitiendo un salto de otro tipo, un juego entre agencia –ímpetu creativo– y respeto –o coercitividad– ejercida por la estructura que quizás no tenga parangón en la historia de la ciencia moderna. Se trata de una situación peculiar que desde América Latina denuncia los cimientos –fundamentos– de los límites que han situado en occidente a la ciencia como la institución gnoscológica racional objetiva escindida de otras formas de conocimiento que no sólo parten de registros subjetivos sino que se resisten a representarse bajo los patrones semióticos de los lenguajes de la razón.

Y esta es la reflexión a la que tanto se teme. Pues parece que las Ciencias Sociales han ido aceptando paulatinamente, aunque no con poca resistencia, que los conceptos o las categorías teóricas pueden reemplazarse a lo largo del tiempo para dar lugar a otros términos cuya capacidad 'representacional' sea efectivamente más eficaz en nuevas coyunturas sociales, pero lo que aún no logra asumirse es que las 'categorías' –en tanto construcciones abstractas de predominio simbólico- son instrumentos representacionales particularmente limitados por varios motivos y en varios aspectos.

En primer término porque al tratarse de construcciones que no ofrecen ninguna relación motivada entre representación y representado –o referente– (Albano et al, 2005: 211) se vuelven herméticas fuera de los marcos culturales que las generaron. El caso del discurso científico es bastante claro en este aspecto. No sólo emplea producciones lingüísticas escritas que sólo adquieren valor en cierta comunidad alfabética sino que además emplea una jerga y una manera de articulación conceptual que es ajena e inteligible a la modalidad coloquial de mayor circulación. Y esto no es una apuesta ingenua por renunciar a la precisión del conjunto de términos del que se valen los cientistas sociales para aludir a ciertos aspectos no nominados bajo formas comunes u ordinarias sino comprender y reconocer –al menos- cuales son las limitaciones que este tipo de forma de representación genera.

En segundo lugar puede señalarse que la creación de 'categorías' en el campo de la producción del conocimiento institucionalizado es un esfuerzo permanente por 'atrapar' significaciones en conceptos siempre e indefectiblemente perecederos. Ahora bien, este último atributo parece inevitable dado que aún en un mismo entorno cultural el propio paso del tiempo y el movimiento en los sistemas de significación generan los desplazamientos interpretativos que se mencionaba anteriormente y obliga a un proceso perpetuo de reemplazo terminológico. Sin embargo, lo que no parece inevitable, y más bien puede asociarse a una tradición cultural volcada por el control y la restricción, es la voluntad por 'definir', es decir dar límite a ciertos nudos de sentido que en vez de presentarse como embriones de significación, el mundo académico se esfuerza por erigir como jaulas que controlan el movimiento de los sentidos.

Y en relación a esta última cuestión es notable como muchas de las posiciones críticas actuales han intentado reivindicar los valores de la incertidumbre (Morin, 2001) y el caos, lo cual también puede perfectamente comprenderse desde un punto de vista semiótico como un gesto que intenta ampliar la estrecha idea instituida desde la ciencia moderna de que el conocimiento social solo puede 'vehiculizarse' mediante instrumentos abstractos, pretendida y neciamente considerados asépticos.

El paso más próximo, entonces, se percibe en el mundo de las ciencias como el uso de nociones que no pretenden 'definir' ningún aspecto o fragmento fenoménico sino que de modo diferente aspiran sólo suscitar nuevos sentidos. Desde luego que comprender y promover este modo de funcionamiento representacional es sólo posible al interior de un modelo de comunicación que entienda a todo proceso de producción de sentido como 'transformación'.

Cuando los lenguajes de la ciencia eligen aludir a determinado aspecto de un fenómeno observado, efectivamente sólo logran referir a esa faceta del 'objeto' en cuestión y al hacerlo emplean instrumentos que también imprimen su propia limitación en el proceso de representación efectuado.

Ahora bien, todos estos cuestionamientos a los rasgos más destacados y criticados del funcionamiento representacional de las Ciencias Sociales son necesarios pero constituyen sólo una parte del trabajo que se presenta por delante. Es decir, la crítica a los propios mecanismos de significación que las ciencias poseen actualmente es asimismo, y de modo fundamental, un esfuerzo por encontrar –en rigor, considerar– otras maneras de producir conocimiento que escapen a los sistemas lingüísticos, a su arbitrariedad (y por tanto exclusividad de ciertas comunidades), su restricción (esto es su afán por limitar la significación y 'cercar sentidos') y lo más importante: su 'lógica articulación'[3].

Como se ha dicho repetidas veces, no queda ahora más que hacer el esfuerzo por 'traducir' (Lotman, 1996) significaciones (en tanto correlatos éticos y estéticos) al modo de producción lingüístico-argumental de las Ciencias Sociales para hacer manifiesto otros sentidos que hoy no pueden pronunciarse.

Se trata efectivamente de un intento por 'convencer' a la producción científica contemporánea. A diferencia de la dinámica de producción tradicional en la que las transformaciones singulares a aquella 'estructura' respetaban el propio sistema de representación hoy lo que se cuestiona es la base semiótica de la ciencia como 'conocimiento instituido'. Por ello, este esfuerzo y entusiasmo parece estar abriendo las puertas no a un nuevo momento de las Ciencias Sociales sino a un nuevo tipo de Ciencia Social. Como se dijo, no se propone resignificar algunas categorías teóricas o generar sólo nuevas 'técnicas' en cuanto a metodologías. La transformación es por supuesto axiológica pero desde allí, procura invitar a saberes extra-académicos a formar parte del concierto de la producción científica institucional suscitando una transformación cognitivo-representacional. Y no se pretende ingresar aquí en aquella discusión sobre si el pensamiento antecede al lenguaje o es el lenguaje lo que permite la emergencia de ciertas articulaciones de pensamiento, cuestión que por cierto conduciría a elucubraciones en torno a las transformaciones a las que se expone la Ciencia actual. De modo diferente, el interés no radica en este trabajo por establecer un punto o instancia primera pero sí reparar en la sinergia que existe en estos dos niveles de producción, y por tanto poner de relieve el particular momento que la producción de conocimiento atraviesa.

LA NECESIDAD DE APRENDER A 'ESCUCHAR'

Resulta común en la vida cotidiana referir a la necesidad, por cierto permanente, de escuchar y ser escuchados. Todo aquello que va muchos más allá de 'oír', es decir de emplear el sentido físico de la audición para percibir lo que cualquier objeto o sujeto 'otro' profiere, y que implica en primer término situarse en una situación de 'recepción' de elementos nuevos, constituye esto que coloquialmente llamamos 'escuchar'.

Desde allí y haciendo un desplazamiento de escala (de lo micro interpersonal a lo medio inter-organizacional[4]) 'escuchar' implicaría, desde el mundo académico, ensayar –ante todo– nuevas formas de interpretación.

Resulta ciertamente interesante que a todo otro tipo de conocimiento que se situé por fuera de los marcos de producción/interpretación del mundo de la academia se lo denomine como 'tácito' o 'no manifiesto'. Y reparar en esta forma de aludir a 'saberes otros' suscita reflexionar en torno a si aquellos conocimientos se encuentran efectivamente no manifiestos o son las capacidades académicas, de lectura amplia y comprensión profunda, las que se encuentran precisamente 'tácitas' y 'no manifiestas'.

Porque finalmente, cómo aspirar a comprender otros saberes cuando quienes nos encontramos insertos en el mundo de la academia nos movemos en un campo –en un ámbito de disputas por la producción del sentido– que celebra y premia las producciones que son hábiles en términos conceptuales pero que se resisten –por voluntad o imposibilidad– a considerar útil y provechosa cualquier 'información' que escape la producción racional y cognitiva.

Las elaboraciones que viajan[5] en grafías sobre papel y pertenecen al alfabeto de la comunidad lingüística occidental -en nuestro caso de origen español- son consideradas como aquellas significaciones capaces de nominarse –y valorarse– como conocimiento científico, eso ha quedado claro para las Ciencias Sociales. Pero resulta necesario entender que si la intención actual es la de considerar y recuperar conocimientos extra-académicos no podemos esperar encontrar en una comunidad originaria ni en una población 'urbano-marginal' textos escritos sobre papel que articulen precisamente 'Teoría Social'. Los juegos de la razón a los que estamos habituados y con los cuales nos entretenemos -para bien o mal- quienes hemos permanecido suficiente tiempo bajo estos sistemas culturales de representación no aparecerán en esos espacios alternos con los que pretendemos establecer diálogo. Por lo tanto, nuestra tarea aparece casi ineludible: necesitamos aprender a 'escuchar'. Y la imagen de 'escuchar' proviene como se dijo de las situaciones de comunicación interpersonal directa pero para este nivel de reflexión implicaría considerar otros tipos de observación que no incluyen sólo los sentidos físicos de la percepción sino asimismo otros aspectos ligados a nuestra afectividad, comenzando a romper aquellos modelos limitantes que nos han disciplinado a circunscribir esta dimensión –la de la afectividad- al dominio de un área del saber, que probablemente sea en la clasificación y participación gnoseológica occidental potestad de la 'psicología'.

La advertencia de 'formas otras' de conocimiento viene aparejada entonces a una primera transformación de nuestras matrices interpretativas o perceptuales.

La propuesta de 'escucha' no consiste en adoptar una actitud ingenua y liviana que enaltezca cualquier elemento que esté por fuera de los marcos de producción racional o cognitiva al tiempo que ataque el tipo de hábito y elaboración propio del mundo de la academia. De hecho, esta forma de proceder no implicaría escucha alguna sino una toma de posición previa al encuentro con organizaciones –o sistemas de significación- extra-académicos que luego sólo buscaría amparo 'empírico' al entrar en diálogo con las organizaciones que fueran contraparte en los procesos denominados de 'co-construcción'.

Lo que el presente trabajo postula es que es tan necesario sensibilizar más la escucha de otras formas de producción de conocimiento como encontrar un modo de referirla desde los formatos discursivos que la academia permite. Por ello, es necesario ir ampliando el aparato teórico-conceptual –finalmente el dispositivo representacional e interpretativo– del que disponen las Ciencias Sociales actuales para ir logrando referir a todos aquellos saberes que residen en las prácticas bajo la forma de acciones en principio inenarrables.

Y este es un desafío a la creatividad de los propios investigadores dado que implica desarrollar nuevos y originales sistemas de registro/recuperación de experiencias que vayan más allá de las clásicas técnicas de 'sistematización'.

HACIA UNA 'HEGEMONÍA' DE LA PLURIVERSALIDAD O PORQUÉ VALE LA PENA CONVENCER A LAS CIENCIAS SOCIALES

Este texto se inició refiriendo al carácter 'institucional' de la ciencia como el rasgo común a cualquiera de las producciones de conocimiento que se inscribe dentro de algunas de las áreas, ramas o disciplinas que la modernidad estableció como aspectos de la realidad, confundiendo de una vez –aunque por suerte no para siempre– las características de lo representado con las limitaciones de la capacidad de representación.

Se aceptaba en primer término que conocimiento científico –al menos tal como está planteado por el mundo de la academia desde su establecimiento hasta hoy– consiste en esta disposición referencial de temas, procedimientos, e incluso cierto tipo de resultados que en su articulación y conjunto reciben el nombre de cierta disciplina o área del saber.

Ahora bien, no hace falta explicar con demasiado detalle las vinculaciones existentes entre los términos 'institución' y 'hegemonía'[6] así como no hace falta precisar de modo particular la afección que las Ciencias Sociales adoptaron por la utilización de esta categoría para comprender el funcionamiento de 'lo social' –en términos políticos, organizacionales o discursivos– . Tampoco será necesario referir a la aprensión que desde este sector de producción gnoseológica se tiene por aquello que significa esta expresión. Lo' hegemónico' se ha dispersado de tal forma a partir de la lectura de Gramsci – y luego de las áreas de conocimiento teñidas por el pensamiento gramsciano- que 'hegemonía' se ha vuelto todo aquello que es considerado 'referencial', 'céntrico' y fundamentalmente 'indeseable'.

Por tanto, el interés de muchas corrientes actuales reside abiertamente en indagar en torno a 'formas otras' –de desarrollar cultura en sentido amplio– y esto es una apuesta explícita por la indagación y recuperación de lo 'alterno'. Para sintetizar: lo establecido e instituido es reprobable desde cierto punto de vista, por lo que sería necesario encontrar formas diferenciadas de pensar-representar, vivir, sentir y construir sociedad.

¿Pero qué horizontes hay para todos aquellos que desde espacios de alta institucionalización –no jurídica sino referencial– intentan construir 'otredad'? ¿Qué posibilidades hay de aportar 'disidencia' desde núcleos hegemónicos?

Claramente la respuesta a la última pregunta por parte de muchos de los que apuestan a 'procesos de compromiso y transformación social' es que esto no es posible. Las Ciencias –al menos sociales y tal como están planteadas hoy– no constituirían un espacio de transformación importante. Su renovación lenta y gradual, estaría de esta manera –y desde este punto de vista– siempre desfasada de las necesidades y urgencias de las disputas más fuertes, sean éstas simbólicas o materiales que se libran en el espacio social general. Y esta posición más allá de que podrá ser discutible resulta lamentablemente muy comprensible.

El funcionamiento de las Ciencias Sociales, digamos como área de un sistema más amplio de significación que podría considerarse el ámbito cultural general en el que se inscriben, es efectivamente el comportamiento de un núcleo hegemónico; pero el problema no empieza ni termina allí.

Cualquier sistema cultural, es decir de significaciones, posee zonas céntricas y periféricas que se corresponden con los espacios de mayor y menor institucionalización respectivamente. Y esta representación conceptual sirve para cualquier espacio de interrelaciones. Lo 'dominante' desde este punto de vista, no es tal o cual valor –ético o estético– sino el patrón de referencialidad que lo acepta o legítima para colocarlo en el centro del juego sistémico o para dejarlo en las fronteras impidiéndole reconocimiento y visibilidad.

Ahora, bien esta manera de producir y entender a la hegemonía; es decir al núcleo de referencias que establece como dominante a un conjunto de valores, es probablemente muy estrecha y limitada.

Supongamos que la disposición 'centro-periferia' nunca se transformará dado que constituye un elemento invariante, digamos, en tanto principio de organización cultural, social, político[7], etc. Pero qué sucedería si los rasgos de la dominancia, y volviendo ahora al espacio de la academia y su producción gnoseológica como objeto de reflexión, abandonaran efectivamente su pretensión de 'uni-versalidad'? Porque resulta interesante que si bien en el plano epistémico-metodológico formal esta aspiración ya es renuncia, se sigue trabajando –es decir planteando proyectos y caminos procedimentales– que aún se basan en 'una' forma, precisamente racional y cognitiva de producir conocimiento.

Por ello, vale la pena ensayar –animarse a equivocarse e imaginar– cómo podría ser un espacio de producción científica que aún como ámbito institucional y por ello como dominancia referencial pueda jactarse de albergar 'pluriversalidad' (Mignolo, 2010) epistémica en sentido amplio y profundo.

Pero para que esta sugerencia no se agote en un 'sueño idílico' sin posibilidades de 'realización', se percibe necesario una tarea que –para tranquilidad de la academia– es por ahora intelectual y consiste en resignificar las nociones de 'conocimiento' y 'saber'.

Y siendo congruente con lo señalado anteriormente, es importante aclarar que no se propone formular una nueva 'definición' de estos dos términos. La sugerencia no es restringir sino ampliar inteligentemente nuestra capacidad asociativa.

Porque, reflexionemos con sensatez... ¿qué sucede con la noción de conocimiento si se desprende de una vez y para siempre de los conceptos de 'dominio' y 'control'? ¿no es acaso para esto que usamos la razón?

BIBLIOGRAFÍA

ALBANO, Sergio; Levit, Ariel, ROSENBERG, Lucio (2005) *Diccionario de Semiótica.* Quadrata. Buenos Aires.

CASTRO-GÓMEZ, Santiago (2007) Decolonizar la Universidad y la Hybris del punto cero y el diálogo de saberes. En Santiago Castro-Gómez y Ramón Grosfoguel (Eds.) *El giro decolonial.* (pp. 79-92). Siglo del Hombre Editores. Bogotá.

FAIRCLOUGH, Norman (2002) *Discourse and Social Change.* Polity. Cambridge.

LANDER, E. (2000) Ciencias Sociales: Saberes coloniales y eurocéntricos. En Edgardo Lander (comp.) *La colonialidad del saber: Eurocentrismo y ciencias sociales. Perspectivas latinoamericanas.* (pp. 11-40) CLACSO. Buenos Aires.

LOTMAN, Iuri (1996) *La semiosfera I. Semiótica de la Cultura y del texto.* Fronesis. Valencia.

MIGNOLO, Walter. (2010) *Desobediencia epistémica.* Del Signo. Buenos Aires.

MORIN, Edgar (2001) *Los siete saberes necesarios para la educación del futuro.* Paidós Studio. Barcelona.

WALSH, Catherine (Ed.) (2005) *Pensamiento crítico y matriz (de) colonial. Reflexiones latinoamericanas.* Universidad Simón Bolivar-Abya-Yala. Quito.

NOTAS

[1] Esta precisión se considera necesaria dado que aquello que hoy conocemos por 'ciencia' no se ha presentado de igual manera en todas las culturas ni en todos los tiempos. Y si bien la aclaración resulta de una obviedad remarcable, se percibe prudente y necesario hacer explícita la limitación interpretativa que se tiene -y quizás, se tendrá siempre desde una posición cultural determinada- sobre esta o cualquier noción.

[2] Es importante observar que no se habla de inclusión de nuevas 'técnicas' o 'estrategias' de recolección de datos que operen sobre las mismas sendas método-lógicas. Se hace referencia aquí a la subversión excepcional de estas matrices procesuales capaces de recibir la nominación de 'metodologías'.

[3] El abordaje y la necesaria crítica que debe madurarse desde las Ciencias Sociales a los principios lógicos propuestos por Occidente excede por mucho el alcance de este trabajo. Sin embargo se considera necesario hacer alusión, al menos tangencial, a este componente, dado que efectivamente está asociado con la especificidad de los soportes lingüísticos (particularmente alfabéticos) de significación, y con el tipo de estructuras de sentido consideradas legítimas sobre las cuales estas producciones están planteadas.

Del mismo modo que el principio de 'no contradicción' ha sido cuestionado y hoy es rechazado desde muchas proposiciones teóricas sociales, es posible 'deconstruir' principios representacionales pretendidamente 'válidos' que aparecen como obstaculizantes para las nuevas posibilidades de comprensión del mundo actual.

[4] ¿Es posible considerar como 'organizaciones' de mayor o menor grado de formalidad e institucionalidad a cualquier ámbito de producción de conocimiento, entre los cuales el campo científico sería sólo el de mayor reconocimiento explícito? ¿Un ámbito de producción de conocimiento puede ser entendido como un espacio -virtual- de organización de la significación?

[5] La metáfora del 'viaje' quizás no sea la más feliz y apropiada dado que sugiere pensar en que existiría un 'contenido' que viaja -se desplaza o vehiculiza- a través de ciertos medios que le son independientes. Desde luego que aquí se adscribe a la idea de que toda producción de contenido está constituida por su concretización 'estética', por los soportes materiales o virtuales de su manifestación. Más allá de esta aclaración, valga la figura del 'viaje' para disociar analíticamente estas dos instancias que conforman cualquier proceso de significación.

[6] La noción de 'hegemonía' se toma aquí desde una perspectiva discursiva que la entiende, a partir de la tradición gramsciana, como un eje de referencias (Fairclough, 2002) o un nudo semántico y/o estético matricial.

[7] Resulta extraño desde cierto punto de vista este tipo de discriminación entre los aspectos 'culturales', 'sociales', y 'políticos' como si se tratase de elementos diferentes. En rigor, desde una perspectiva atenta a las significaciones, las disposiciones sociales o políticas, por ejemplo, no son otra cosa que niveles de lectura de un fenómeno amplio y extremadamente complejo asociado a los procesos de configuración cultural.

Hacia una Base Cognitiva Democrática
Debate, Construcción y Operacionalización del Conocimiento Colectivo en el Campo del Hábitat

Peyloubet, Paula

INTRODUCCION

Se ha procurado, en este tiempo, abordar la problemática del Hábitat con la mayor claridad posible, tema que nos ocupa en esta presentación[1].

En este recorrido, se ha aprendido que existen límites en la construcción del conocimiento, que su veracidad caduca con el tiempo por lo que no es esperable alcanzar resultados definitivos ni globales sino, por el contrario, se espera comprender el problema del hábitat, integrado a otros problemas, en el marco de un horizonte temporal y considerándolo, principalmente, una situación local y particular que debe convocar multiplicidad de actores y sectores para su resolución.

Se presentan, en este artículo, algunas consideraciones construidas a partir del reconocimiento de esta realidad, en el marco de experiencias investigativas con abordajes diferenciados de los convencionales, desde una perspectiva de construcción de conocimiento colectivo, donde se entrelazan saberes mixtos, legitimados por la sólo existencia del hacer empírico, democrático y autogestionario, dando a luz una producción pluriversal.

El hábitat y, específicamente, el hábitat popular tiene, además de los problemas propios de la pobreza que lo caracterizan, ciertos aspectos y factores a tener en cuenta y valorar, verdaderos potenciales de resolución pocas veces, o nunca, considerados. Esta posición se levanta en contra de la reducción conceptual que considera a la población, en situación de pobreza, como actores pasivos y homogéneos que no pueden contribuir con aportes relevantes a la problemática de la pobreza misma y de su hábitat.

A partir de esta convicción, se intenta construir nuevas estrategias y pensamientos que acerquen respuestas alternativas a antiguos problemas aún no solucionados satisfactoriamente, debido a la reducción epistémica en el abordaje del problema mismo, como ya se dijera.

En este sentido, se procura redimensionar el problema en cuestión, hábitat popular, buscando una nueva dimensión integradora no excluyente, hábitat. Bajo esta situación se asume que, aunque las reflexiones epistemológicas en el inicio pudieron ser un tanto utópicas, el ingenuo pensamiento del comienzo se ha ido transformando en una idea sólida con la que los investigadores podemos abordar la problemática encontrando algunas respuestas que contribuyan a dar soluciones más eficientes para reducir la pobreza y sus efectos. Esta construcción se ha realizado dentro de un proceso de cambio profundo, donde colectivos sociales diversos han sido autores de estos mismos cambios.

DEBATE COGNITIVO

Nueva visión del problema y la solución

La humanidad se encuentra frente a un nuevo paradigma que plantea el surgimiento de nuevas formas de pensar, producir y vincularse. Los cambios en las lógicas de desarrollo y de producción del hábitat, ponen de manifiesto la importancia de repensar este desarrollo y esta producción involucrando las nuevas variables que surgen del escenario actual, con el fin de aportar a una nueva forma de comprender la construcción de dicho hábitat.

La crisis socio económica general alimenta el proceso de deterioro habitacional. La pauperización y el creciente desempleo, que enfrentan ciertos sectores de nuestra población, nos obligan a reflexionar a cerca de la situación deficitaria que afecta el nivel físico habitacional y otros niveles de la vida personal y comunitaria de los mencionados sectores.

Por otro lado, la reconstrucción y el fortalecimiento de la capacidad estatal son, en este momento, temas principales en la agenda de los gobiernos, en términos de asegurar la gobernabilidad democrática. En ese sentido, se hace indispensable, para asegurar dicha gobernabilidad, incorporar entonces la expresión de aquellos sectores populares a los que hacíamos mención, caracterizados por la autogestión y la autoproducción de su hábitat, de modo que se vean representados en esta gobernabilidad democrática.

Al investigar en este campo temático, se pretende reinterpretar los procesos de producción del hábitat y las modalidades de desarrollo habitacional progresivo, propias de la población con potenciales, para que se incorporen a las políticas socio habitacionales enriqueciéndolas con sus saberes y experiencias, con el fin de revertir la situación actual deficitaria de dichas políticas. A partir de esta posición ideológica es que surge la motivación por legitimar los saberes y experiencias de las poblaciones locales que reafirman su existencia continuamente.

El problema del hábitat en muchos casos es un problema de pobreza. Su significado simbólico y funcional varía de acuerdo al contexto regional y países de que se trate, por lo tanto la perspectiva más adecuada para comprender la problemática habitacional es desde una dimensión integral que considere un enfoque local tanto social como cultural y territorial incluyendo el contexto político y económico donde se produce.

En este sentido, el problema planteado supone combatir la pobreza en toda su complejidad, reconociendo todas las dimensiones de la misma y las fuerzas sociales que subyacen.

La pobreza tiene que ver básicamente con los mecanismos estructurales de distribución y jerarquización social y con las desigualdades y necesidades materiales y simbólicas que generan.

En este contexto, convendrá entender que, las necesidades no sólo son carencias sino también simultáneamente potencialidades humanas, individuales y colectivas (Max Neef, 1985). De la interrelación entre estas necesidades y sus satisfactores, definidas desde las prácticas culturales, se deberían determinar los desarrollos adecuados a cada realidad local.

Esos desarrollos, orientados hacia las necesidades humanas, no se definen por ley o decreto, emanan directamente de las acciones, aspiraciones y conciencia creativa y crítica de los propios actores sociales que pasan a asumir su rol protagónico de sujetos activos en una lógica que prioriza la generación de satisfactores, endógenos y sinérgicos, como respuestas a sus propias necesidades.

Estos satisfactores endógenos, que estimulan y potencian procesos de abajo hacia arriba, y sinérgicos, que satisfacen una necesidad determinada contribuyendo a la satisfacción simultánea de otras necesidades, se convierten en el modo del desarrollo mismo.

El problema socio habitacional es entonces, bajo esta concepción de desarrollo, una situación estructural compleja configurada por un determinado nivel de pobreza, en el que las condiciones deficitarias de la vivienda, o su ausencia, se interrelacionan con otras dimensiones también deficitarias de la vida personal, familiar y socio política de cada individuo.

Bajo los modelos de desarrollo de acumulación desmedida- capitalismo, consolidados en el poder mundial actualmente la situación de inequidad existente, será difícil revertir si no se producen alternativas que reconsideren los procesos que construyen estos estilos de desarrollo, su significado simbólico y funcional, repensando tanto la situación deficitaria de carencia como la situación potencial, que resulta de aprovechar los saberes comunitarios que contribuyen a la transformación social.

Dentro de esta concepción, se presenta en este trabajo un enfoque alternativo para abordar la inequidad, con la intención de generar nuevos disparadores que permitan una reflexión más amplia y compleja de la que en general se reconoce hoy. Para ello se profundizará la relación entre los problemas, los recursos y los escenarios locales para diseñar procesos que brinden soluciones adecuadas, refiriéndonos en este caso a procesos participativos y de gestión social organizativa.

Esta construcción investigativa es entonces una propuesta orientada a generar satisfactores sinérgicos en la solución del problema, no de vivienda solamente, sino de hábitat.

Se propone trabajar sobre este nuevo eje de análisis que redirecciona el concepto de hábitat popular hacia una concepción más integral y sistémica con el fin de lograr alternativas para su solución que se funden en el hombre con "el objetivo de ampliar las oportunidades de los individuos para hacer que el desarrollo sea más equitativo, democrático y participativo" (PNDU, 1998).

Partiendo de este enfoque, centrado en el desarrollo humano, entendido como el proceso de ampliación del rango de elecciones de la gente, aumentando sus oportunidades, cubriendo el espectro completo de las elecciones, desde un medio ambiente físico saludable hasta las libertades económicas y humanas, con directa incidencia sobre los aspectos físicos (Coraggio, 1995), se pretende avanzar conceptualmente hacia una visión más compleja que plantee una evolución del hábitat, desde una situación germinal de aspectos sociales, físicos, económicos y culturales hacia la promoción autogestionaria sustentable de dichos aspectos.

Los paradigmas como base de conocimientos nuevos
Si la ciencia es el conjunto de hechos, teorías y métodos reunidos, que proporcionan soluciones a los problemas planteados, en el que cada investigador contribuye con parte de la totalidad de esos componentes, se puede pensar que la ciencia entonces es un proceso acumulativo en el que la teoría se va reforzando, en ajustes sucesivos, con nuevas ideas que completan y amplían los sistemas de pensamiento.

Sin embargo, para Thomas Kuhn (1998), la ciencia no es siempre un proceso acumulativo en el cual se va sumando más conocimiento, como se relató anteriormente y como se reconoce la ciencia normal y clásica. Existen, para él, lo que llama "Revoluciones Científicas", que generan cambios profundos en el propio conocimiento y percepción de la ciencia, que generan crisis en los sistemas de conocimiento científico, a partir de las cuales también se puede avanzar en el pensamiento y no sólo a partir de procesos acumulativos. En estos casos el proceso da lugar a lo que se entiende por paradigmas.

Este modo de evolucionar de la ciencia, trae consigo una nueva visión del producto que la misma ciencia aporta. Kuhn (1998), en el marco de este enfoque, define a estos paradigmas como realizaciones de comunidades científicas, universalmente reconocidas, que durante cierto tiempo proporcionan modelos de problemas y soluciones.
Estos paradigmas son los que provocan saltos en el conocimiento científico. La transición entre unos y otros generan las revoluciones científicas de las que se ha hecho mención.

Esta incorporación *kuhniana* respecto de la evolución de la ciencia se trae a consideración porque el problema que se presenta en este artículo está en la línea de los aportes realizados a partir de este tipo de construcción, una reconceptualización que abandona el antiguo concepto, y se sostiene a partir de una nueva idea. Aunque, la propuesta no es exactamente una teoría sino, en todo caso, una reflexión epistémica en torno a una problemática cuyo abordaje se pretende modificar en función de la participación de un colectivo social diverso, que no es solo representado por la academia.

Se intentará aportar entonces a la reconstrucción del campo conceptual y operacional respecto del hábitat apoyándose en la ruptura de la tradición clásica respecto de la comprensión de los temas problemas, paradigmas, produciendo un aporte a partir de nuevas lógicas de construcción de conocimiento, que darán reglas y contenidos novedosos a viejos temas problemas deficientemente abordados, motivo por el cual aún no terminan por solucionarse.

Las revoluciones políticas se generan a partir de una respuesta ineficaz por parte de los gobernantes, sector que tiene a su cargo la resolución de los problemas del resto de la comunidad. Por tanto la "comunidad afectada" se revela ante la falta de eficiencia en la respuesta y genera movimientos de protesta e impulsa los cambios políticos. Al igual que estas acciones políticas, análogamente, las revoluciones científicas también son generadas por una "comunidad afectada", que no se conforman con las respuestas proclamadas de la ciencia y la tecnología y procuran sustituirlas por nuevas, dando lugar a la construcción de conocimientos diferentes cuyos procesos de producción no son precisamente acumulativos sino revolucionarios, reemplazando conocimientos antiguos por nuevos contra hegemónicos, dando lugar a la sustitución de paradigmas.

La novedad en la cuestión acontece en relación a la "comunidad afectada". Lo que se propone es que no sean solo los científicos y tecnólogos los invitados a esta nueva construcción. Esta vez están convidados los "otros", los que no son comunidad académica y que igualmente, y de manera singular, poseen saberes y experiencias profundas para el abordaje del problema y de su solución.

Es así, que se hace indispensable repensar la base cognitiva con que la ciencia y la tecnología, sector académico, producen conocimientos y advertir que dichos conocimientos deben incorporar otros saberes que cuestionen sus presupuestos, impidiendo de esta manera realizaciones que solo contribuyen a aumentar la brecha entre la población rica y pobre, con todo lo que ellos supone.

Porqué es necesaria una base cognitiva diferente

En la actualidad los procesos de construcción de conocimiento, en las instituciones de Ciencia y Tecnología (CyT) públicas son desarrollados, en la mayoría de los casos, sin ninguna conciencia de lo que la neutralidad científica[2] y el determinismo tecnológico[3] presuponen (Dagnino, 2008). Se trata de actores académicos "educados" y "formados" en estos valores, que no se preguntan ni cuestionan esta situación. Ni siquiera son concientes de la visión determinista ni del alcance de su intervención científica.

Es indispensable entonces, poner en conocimiento de esta comunidad académica, como también de la sociedad en general, los enfoques y metas que subyacen en los sistemas de pensamiento hegemónico, siendo estos portadores de valores y estilos de desarrollo que impulsan o no determinadas cuestiones.

El conocimiento no es neutral. La construcción de conocimientos y el desarrollo de un sistema de ideas son el resultado, sin duda, de especulaciones y motivaciones no espontáneas. El desarrollo tecnológico no propicia por sí mismo mejoras en la calidad de vida de todos los sectores de la sociedad. Su existencia se asienta sobre decisiones concientes de sectores empoderados, que legitimados por su tipo de saber académico, plantean mejoras en algún sentido. Pero dichas mejoras no son para todos. Esa es la clave.

Desde esta especulación, basada en la realidad de los alcances de la ciencia y la tecnología, es que se hace indispensable la construcción de una nueva forma de conocer que plantee variables cognitivas que superen la neutralidad de la ciencia y el determinismo tecnológico. Una nueva base cognitiva que proponga una integración de saberes, producidos por todos y para todos.

En este sentido, este artículo denuncia el valor negativo de los conceptos referidos a los determinismos y la neutralidad, por ello se entiende que los conocimientos no son arquetipos que pueden ponerse en marcha esperando que la ética infunda bienestar sobre los mismos. Tampoco se considera al avance tecnológico como la unívoca posibilidad de desarrollo social. El saber científico y tecnológico debe posicionarse en el nicho de verdad que supone y con los límites con que ha sido construido. A partir de ello será posible una nueva manifestación de conocimientos que no deje vacíos ciertos sectores, que asuma que la calidad de vida debe ser repartida entre todos y que la transformación social es posible con un proyecto justo y equitativo.

Para superar la neutralidad y el determinismo, entonces, se plantea una estructura cognitiva diferencial que asume el beneficio de los conocimientos diversos y la articulación entre ellos, de tal manera que se retroalimenten para dar lugar a un saber potencialmente más apto, real y suficiente. Los saberes, en el sentido de experiencias, son sin duda los motores de marcha de las producciones de conocimiento. El saber académico, históricamente consagrado y legitimado, debe abandonar su valor superlativo para dar oportunidad a conocimientos tácitos, sobrevivientes por siglos, capaces de producir nuevos cuestionamientos directamente relacionados con la realidad y sus contextos de necesidad.

Siguiendo con esta línea, se intenta reconocer la construcción de conocimientos de manera colectiva a partir de saberes mixtos, donde la naturaleza de cada uno de ellos, fortalezca el saber del otro. La producción intelectual es asumida entonces como la conformación compleja de saberes académicos y populares, tras la reconciliación de sectores puestos en valor a partir de sus saberes, idiosincrasias, deseos y necesidades. De esta manera se intenta igualar un saber académico, universalmente reconocido, con un saber consuetudinario, localmente reconocido.

A partir de esta nueva base cognitiva será posible materializar los "nichos de verdad" y los valores que poseen las distintas formas de conocer, incluyendo sus reglas y expectativas en todos los casos. El recorrido que se propone, en este sentido, es el que alberga escenarios mixtos de construcciones colectivas signados por saberes diversos. Se instala entonces la necesidad de nuevas formas de conocer y de interpretar, donde la sabiduría popular se entrelace con el saber formal, dando lugar a nuevos abordajes problemáticos que reconocen la realidad con mayor certeza y, por consiguiente, se constituyen en verdaderas soluciones.

Las construcciones sociales de poder

La sociedad actual, en todo el mundo, se reproduce a partir de cánones básicos de sobrevivencia. Hay una cualidad darwinista inexorable en nuestra sociedad. Se plantea, en todos los sectores sociales, la sobrevivencia del más apto y por lo tanto la caída de los débiles que no logran insertarse en el contexto. Pareciera que la no existencia de lugar para todos es clave para la comprensión de la sociedad y por lo tanto se producen líderes y liderados. Ante esta construcción clasista, tan profundamente anclada en nuestras sociedades, se hace difícil prever una construcción más equitativa. El poder de los sectores líderes se asume en todos los niveles de la sociedad y la jerarquía de dichos poderes está abrumadoramente implantada.

El cuestionamiento y la reflexión, en este sentido, permitiría una deconstrucción de la enraizada creencia de las diferencias, que nos hacen desiguales, y de esta manera podrían cuestionarse las clases sociales, poniendo en jaque hasta su existencia, detonando una transformación social mas justa y equitativa.

El problema principal, desde esta perspectiva, es el límite exactamente donde comienza el cambio. La sobrevivencia del "más apto" es la ley implantada por el sistema. La paradoja es que esta transformación social, a la que se alude anteriormente, no se pone en marcha a menos que exista un grupo que reivindique las igualdades lo que supondría, de hecho, la aceptación clasista, base de las propias desigualdades. Este es el desafío. Cómo poner en marcha valores sustitutos que no pongan en evidencia las diferencias sociales y que simplemente permitan una reconstrucción social donde la diversidad sea una cualidad insustituible para preservar la igualdad tan anhelada.

Desde esta reflexión, se debe comprender que el poder de cierto sector de la sociedad es legitimado por otros sectores, y que el desempoderamiento de dicho sector sólo se producirá con el empoderamiento de otros. Cómo desposeer de predominio al poderoso y cómo poseer de predominio al desposeído. Interesante situación que viene a cuestionar los modelos de cognición referentes en el mundo, por los cuales se asume que cada vez tienen mayor poder los grupos de decisión y saber legitimado por la ciencia moderna y menos los grupos que no deciden y su saber no está convencionalmente legitimado por dicha ciencia.

No basta entonces de dotar de poder, en todo caso, hay que quitar poder. Mientras que las estrategias de transformación social continúen en la línea de empoderar a los sectores vulnerables- sector no empoderado- los que no lo son- sector empoderado, continuarán creciendo de manera sideral, imposibilitando toda oportunidad de igualar fronteras. Se plantea con ello cuestionar también el modelo de desarrollo vigente, que de manera filantrópica intenta "incluir" en el progreso a los grupos excluidos. La pregunta es: a dónde se los está pensando incluir y con la anuencia de quien?

Es necesario fijar conceptualmente qué se entiende por desarrollo y progreso. Para "algunos" se entiende como "crecer para distribuir" (el desarrollo económico traerá desarrollo social) y para "otros" se entiende como "distribuir para crecer" (ampliando el mercado se agranda la demanda y se sostiene la oferta); esta última perspectiva puede ser el comienzo pero no es todo ya que en realidad la cuestión pasa por qué se distribuye y de dónde se obtiene lo que se distribuye (Dagnino, 2010); así se llega al principio: qué se entiende por desarrollo y progreso y quienes definen esos conceptos.

Reconocer que es necesario ampliar la frontera del conocimiento en esta cuestión de desarrollo y progreso supone construir una base cognitiva diferente de la actual. Para ello se debe trabajar sobre dos cuestionamientos. Uno, sobre el poder legitimado de sectores decisores en nuestra sociedad. Otro, sobre el poder no legitimado de otros sectores de nuestra sociedad. En la medida que no se deconstruyan conceptos de poder y no poder, de orden y subordinación, no será posible pensar en nuevas formas sociales donde el poder no sea el cohesivo del colectivo social y el desarrollo y progreso sean conceptos definidos a partir de expectativas y deseos de todos.

Porqué no pensar en que la diversidad es el nuevo orden social que relaciona los sectores y los eyecta en una nueva consolidación social sin desigualdades?

El cuestionamiento debe asentarse sobre el modelo de desarrollo vigente que no es coherente con la inclusión social, esto quiere decir que la clave podría ser repensar los instrumentos de privatización que contribuyen a la competitividad y a las luchas por ocupar espacios dominantes en el mercado, y sustituyéndolos por lógicas alternativas a la renta que podrían dar lugar a una producción y consumo equitativo, sin excesos.

CONSTRUCCIÓN COGNITIVA

Aportes conceptuales al campo del hábitat

Hábitat entonces, continuando con el sentido de lo expresado hasta el momento, debe considerarse un concepto complejo, sistémico y democrático. En este sentido se entiende por complejo a la múltiple convergencia de campos disciplinares y abordajes; sistémico por engendrar un red sinérgica de elementos constitutivos que poseen dependencia mutua y afectación colectiva; por último, democrático por entenderse plenamente participativo, superando las instancias de información, para involucrarse en instancias decisorias, vinculantes, en actos de empoderamiento sectoriales representativos.

Bajo este dominio, la consideración siguiente debe asentarse sobre los potenciales y no sobre las deficiencias. Los abordajes consuetudinarios del Estado y también de ciencia y tecnología, referidos a hábitat, se instalan en epistemias de reducción y carencias. La noción de hábitat se construye a partir de déficit y, por tanto, la resolución bajo esta circunstancia, se construye en el marco de producción habitacional entendida como vivienda- artefacto, infraestructura- servicio.

En esta reducción epistemológica se recortan, con evidencia, los máximos potenciales de resolución del problema, constituidos por los grupos de expertos- en este caso, los que tienen los problemas- que desarrollan a lo largo de sus vidas, con creatividad y niveles de eficiencia nada despreciables, estrategias de supervivencia, insumos básicos pero no únicos, para la reorientación del problema.

Si hábitat es comprendido a partir de déficit, las orientaciones seguirán siendo las mismas que las actuales. Es necesario una reconstrucción de base cognitiva alternativa que permita generar respuestas novedosas e involucramiento de actores diversos en la comprensión del problema y su solución diferenciada. Esta última afirmación supone una revisión de las formas de abordar el problema y los grupos relevantes del mismo.

Las estrategias empleadas en el marco de procesos habitacionales han sido de tipo asistencialista por parte de un Estado paternalista. En otros casos, con excesos filantrópicos, a partir de organizaciones que pretenden, a través de caridad, cubrir las necesidades de las comunidades pobres. Otras muchas situaciones, la mayoría, parten de resoluciones adheridas a las transferencias tecnológicas donde se interviene con tecnologías "stock" – oferta- sobre la necesidad- demanda- parcialmente interpretada, con una visión determinista tecnológica.

Todas estas situaciones han generado, aún en el marco de buenas voluntades, soluciones que no han alcanzado, ni en poco, a resolver la situación real de las comunidades que sufren problemas relacionados a su hábitat. Las políticas habitacionales basan sus respuestas en reproducciones similares a las anteriormente descriptas y no encuentran por ello soluciones reales en este sentido.

El hábitat como tal es un problema aún no resuelto, en términos de calidad de vida, entendido bajo el paradigma de la sustentabilidad: ambiente, sociedad, economía y, agregamos, de los derechos humanos siendo imprescindible entonces repensar y reorientar las acciones y las producciones inherentes al mismo. El sector de ciencia y tecnología tiene un gran desafío sobre el tema, que debe ser considerado a partir de una nueva base cognitiva construida entre todos.

Base cognitiva de la problemática habitacional

Hasta el momento, los abordajes relacionados con procesos habitacionales, se han referido a desarrollos planificados e implementados por grupos- elites emisores- que a cargo de saberes expertos-académicos- han vislumbrado posibles soluciones estandarizadas y estereotipadas. Ello ha producido comunidades pasivas- receptoras- de soluciones mágicas y financiamientos poco eficientes, que en silencio han aceptado este juego de oferta y demanda que sustituyó el dúo necesidad- satisfactor, cooptando lamentablemente genes de emancipación.

La construcción de este proceso de transferencia, emisor-receptor, destruye los procesos espontáneos y domésticos de las comunidades que, de manera cotidiana y haciendo uso del sentido común (Garfinkel, 2006), ponen en marcha mecanismo de defensa y estrategias de supervivencia a partir de sus saberes, dando respuesta a sus deseos y necesidades haciendo uso de verdaderos potenciales de cambio y transformación.

Estos mecanismos y estrategias naturales son insumos para las soluciones problemáticas y a la vez se generan a partir de verdaderas necesidades sentidas por la comunidad. Sin duda, todo esto, debería ser material de aporte en la formulación de los enfoques que argumentan las políticas públicas, siendo entonces la producción de conocimiento colectivo la que definiría las mismas.

Lo que se sugiere, en este marco, es que se lleven a cabo procesos de producción habitacional donde la construcción de conocimiento sea de naturaleza endógena, reivindicando el conocimiento local, producto de saberes mixtos integrados, codificados y tácitos, con pleno control de dicho conocimiento por parte del colectivo social, destrucción del patrón lineal de saberes- "cajas negras"- con la propiedad del conocimiento público, factible de modificar a partir de los deseos y necesidades del colectivo social mencionado, a favor de la calidad de vida de dicho colectivo.

La participación efectiva de los diversos sectores en la producción de hábitat es esencial para resolver los problemas. En este sentido la política pública junto a la construcción de conocimiento innovador, inherente a este campo, deben ser reorientados hacia nuevas acciones donde el actor sociedad tome preponderancia en los complejos decisorios.

Hábitat vs. Vivienda Social. Porqué no es lo mismo

El hábitat es un tangible construido a partir de las relaciones sociedad, tecnología y ambiente. Las tensiones en la relación de estos componentes dan por resultado niveles de poder diferenciado que ponen en funcionamiento producciones asimétricas, excluyentes o producciones simétricas incluyentes. La producción de hábitat es por consiguiente el resultado de sociedades expresadas tecnológicamente y viceversa, es decir de tecnologías expresadas socialmente. Esto afirma la existencia de vínculos invisibles que promueven una adecuación socio técnica. Es en este sentido que se sugiere que la producción de hábitat, bajo las consideraciones antes mencionadas, se asiente sobre el desarrollo de tecnologías sociales capaces de promover desarrollo local entendido como crecimiento económico con inclusión social.

Los abordajes en ciencia y tecnología para innovar en hábitat deben reconsiderar su base cognitiva, basada en epistemias reduccionistas, cuestionando el paradigma ofertista tecnológico, las transferencias tecnológicas de base lineal, los desarrollos sin valores en sus genes- no a la neutralidad científica- la emulación de modelos exógenos de alto valor global y escaso o nulo valor local, la formulación de respuestas mágicas- cajas negras- que generan grupos-elites en complejos decisorios académicos.

En contrapartida, la producción de hábitat, en el marco de un modelo de desarrollo que pretende transformación social a partir del empoderamiento de todos los actores comunitarios, necesariamente, debe pensarse como promotora de una vida digna a partir de la puesta en marcha de derechos humanos no restringidos.

En el marco del concepto amplio de hábitat, que se viene desarrollando, es necesario hacer una legítima aclaración respecto de "viviendas sociales". La vivienda como artefacto-objeto donde se mora constituye un derecho civil en nuestra Constitución.

La producción de dicho artefacto es diversa, en tanto emplea recursos privados o públicos. En este sentido, si se hace alusión a "viviendas sociales", en términos del uso de recursos, a aquellas que utilizan recursos públicos para su producción, estaremos abordando la problemática restringida a determinados sectores de la población y no a otros.

Si nos asentamos en el derecho a la vivienda se acuerda entonces sobre producción de bienes y servicios, que por el derecho constitucional nos asiste a todos, sin distinción.
El sector de ciencia y tecnología debería asumir la construcción de conocimientos en base a dicho derecho. Para ello se debería comenzar por cuestionar los mecanismos posibilitantes -operacionalizaciones- del propio derecho que dejan fuera a gran parte de la población en cuestión. Y en ese sentido producir, no solo los cuestionamientos sino, los conceptos innovadores que den lugar a la ejecución real del derecho mismo. Para ello, algunos elementos que podrían comenzar a considerarse, y no todos, son: la propiedad privada y la propiedad pública, el acceso a suelo urbano y/o rural, el acceso a créditos flexibles no excluyentes, la noción de ciudadanía como sujeto de derecho real a la ciudad, la participación efectiva en la planificación de presupuestos, la planificación consensuada respecto del ordenamiento-uso y renta urbano territorial, el acceso a renta colectiva a partir del lucro de la ciudad, la producción colectiva de ciudad en igualdad de condiciones, la participación ciudadana en los complejos decisorios de políticas públicas, entre otros varios.

Como se advierte, desde esta nueva construcción de ciencia y tecnología, la innovación en "vivienda social", basada en el derecho y no en el recurso público, se redirecciona desde los abordajes de tipo materialistas, en el marco del derecho mismo del artefacto vivienda definido en nuestra Constitución como se dijo en el inicio, hacia construcciones complejas, sistémicas y democráticas que entienden a hábitat como un término que nos reúne a todos.

"Vivienda social", por defecto, no puede ser entendida como soluciones tecnológicas de "stock"-oferta- plan de viviendas, sino que debe romper las barreras clasitas de recursos públicos y privados para dar lugar a una comprometida manera de hacer ciudad para todos, resultando entonces tan redundante expresar ciudad social como vivienda social.

Las construcciones que se operen colectivamente y con la participación, entre otros, de la academia deben desarraigar conceptos excluyentes que generen sectorizaciones. Las viviendas son todas sociales y las producciones deben tomar el espectro completo de la ciudad sin llevar consigo estigmas discriminatorios.

Las soluciones que se comiencen a reorientar hacia esta visión deben dar respuestas a toda la ciudad y sus ciudadanos, engendrando una red sinérgica de elementos constitutivos que poseen dependencia mutua y afectación colectiva, como se sostuvo anteriormente, por lo cual es imposible pensar en vivienda social en términos de soluciones solo para algunos sectores.

OPERACIONALIZACION COGNITIVA

Hacia un constructo democrático colectivo y un desarrollo social solidario y emancipatorio.
Para la construcción de un desarrollo no excluyente, es necesario una base cognitiva diferente de la actual, alternativa y radical como ya se viene diciendo. El conocimiento construido por ciencia y tecnología viene siendo funcional al modelo de desarrollo imperante, exclusor e inequitativo, o dicho de otra manera, disfuncional para la construcción de una sociedad nueva y verdaderamente justa. Es imprescindible repensar el desarrollo vigente a partir de posicionamientos diferentes a los actuales, que den lugar a los valores de todos los sectores sociales en igualdad de condiciones (Peyloubet, 2010a).

Para ello es necesario construir un andamiaje cognitivo alternativo del actual, no es posible pensar nichos de sustentabilidad real si se continúa con la base cognitiva hegemónica. El problema que se presenta para producir una modificación en la base cognitiva actual es que el "tejido social" no está convidado a enviar "señales de relevancia" para que los grupos investigadores generen una nueva agenda acorde a dichas señales.

Muchos años de silencio, y no participación, han demolido los canales de comunicación, los puentes de conexión y hasta la creencia en el derecho a la participación. Esto pone en evidencia el autismo con que la comunidad investigativa construye y legitima su producción "científica y tecnológica".

Por ende si, verdaderamente, se quiere trabajar sobre una nueva colocación de valores en ciencia y tecnología que incluya a la sociedad en su conjunto es necesario generar puentes. La cuestión es quien debe construir dichos puentes y qué clase de puentes son.

Se deberían producir instrumentos y herramientas pensando en incorporar a los diversos actores al tejido social que emite "señales de relevancia". Estos nuevos instrumentos y herramientas son justamente las nuevas posibles producciones que la investigación podría realizar. Los enfoques epistémicos deben cuestionar la legitimidad de los conocimientos en función de los actores participantes de la construcción del mismo.

Por otro lado, será incuestionable la incorporación de valores alternativos en la producción de conocimiento. Los valores deben ser propuestos por la infinita diversidad de actores, no solo de la comunidad científica y tecnológica. Para ello es necesario convocar actores antes nunca convocados, principalmente aquellos que son más vulnerables y tienen los problemas - los "expertos" realmente - y también aquellos que son integrantes del campo de las decisiones – los "políticos" nuevos.

Para que la producción de conocimientos sea socialmente útil deberá estar impregnada de valores diferentes a los actuales y esos valores serán aquellos legitimados por la sociedad en su conjunto.

La construcción de conocimientos deberá estar orientada hacia la solución de problemas sociales; la cuestión es cómo descubrir estos problemas sociales; seguro a partir de la reorientación de los actuales valores de mercado y renta- que tiñen la producción científica y tecnológica - hacia nuevos valores de compromiso y solidaridad – escenario producido por movimientos sociales que deberían convocarse al momento de concertar los nuevos valores de ciencia y tecnología.

Los valores actuales confieren a los desarrollos de tecnociencia características específicas (neutralidad- determinismo) reproduciendo un desarrollo ideal para países desarrollados e inhibiendo la transformación social, propuesta básica de este trabajo.

Ahora bien, cuáles son los valores que deberían impregnar las construcciones de conocimiento? Se debe dejar de buscar desde la torre de marfil y salir a encontrarlos en la sociedad, en las necesidades sentidas de las personas; y para comenzar se puede considerar a los sectores más vulnerables históricamente no convidados a la toma de decisiones. Pero no serán los únicos.

Como nuevos valores para engendrar conocimientos en ciencia y tecnología se proponen: compatibilidad con inclusión social, construcción colectiva de conocimientos- co-construcción- considerando saberes académicos y populares, transformación de los modelos cognitivos y por último transformación social. Todos ellos deberían impregnar los diversos campos disciplinares convirtiendo lo social en motores de marcha de cualquier construcción de conocimiento: salud, ambiente, producción, educación y por supuesto hábitat.

Comenzar por hacer transversal, a todos los campos, los valores sociales podría ser solo un comienzo. La tendencia sería asumir esta estructura con todos los campos disciplinares. Igualmente la clave está en detectar señales de relevancia del tejido social - problemas según valores - y luego cómo y quienes construyen las soluciones.

Para detectar señales de relevancia es indispensable contar con instrumentos adecuados-puentes- de base cognitiva alternativa a la actual. Ese es el desafío del campo disciplinar específico. El desafío de ciencia y tecnología es integrar los campos disciplinares específicos para un abordaje colectivo a partir del problema (Peyloubet, 2010b). A continuación, se describen algunas consideraciones finales a tener en cuenta en el desarrollo de abordajes investigativos, a partir de reflexiones epistémicas, que den cuenta de la construcción de un saber colectivo basado en un intercambio cognitivo democrático.

Interdisciplinariedad

Integración de saberes teórico-empíricos, académicos-populares.

Trabajo investigativo, no sobre supuestos empíricos a partir de estudio de casos, hechos por otros, sino sobre experiencias colectivas, construidas entre todos, incluidos "nosotros" y los "otros".

Cuestionamiento sobre la legitimación del saber bajo cánones unívocos de la ciencia moderna.

Reivindicación del saber empírico popular-tradicional o consuetudinario y local bajo sistemas de legitimación propios de las acciones de la vida cotidiana (Garfinkel, 2006).

Revalorización del saber del "otro" como existencia valiosa para la resolución de problemas, a partir de la deconstrucción de las "no existencias" que han encubierto el acervo cognitivo diferente al de la ciencia (Boaventura de Sousa Santos, 2009).

Base cognitiva, modos de abordar problemas y construir conocimiento, diferenciada por la construcción colectiva de actores diversos integrando saberes consuetudinarios y académicos.

Reflexividad conjunta de las acciones llevadas a cabo. Aprendizajes integradores.

Construcción cognitiva integrada en el marco de una construcción social dotada de sentidos diversos a partir de la participación horizontal de los múltiples actores.

Construcción política – no partidaria- apoyada en una ideología que posee valores de justicia, equidad y participación, reivindicando las diferencias, como potenciales transformadores, en el marco de la igualdad de derechos y reconocimientos cognitivos.

Integración real de saberes, a partir de la socialización de los mismos, a través de procesos comunicacionales que permitan el acceso a la información y la comprensión de la misma.

Apertura de cajas negras y restitución democrática de las decisiones, en la construcción de problemas y soluciones, al colectivo social cognitivo.

Procesos comunicacionales no necesariamente verbales, que consideren otras formas de expresar y representar los saberes diferentes, permitiendo una articulación profunda y respetuosa dentro de los procesos de co-construcción de conocimiento, evitando las desigualdades entre actores, de naturaleza cognitiva diferente.

Porque, como plantea Latour (2008), la sociedad es, en sí misma, un escenario de controversias que naturalmente conviven y se recrean haciendo posible la vida cotidiana, que pone en práctica los saberes de sentido común y los específicos. Este es el desafío entonces. Revalorizar el juego de controversias, como producto de las actividades y circunstancias prácticas, prestándole la atención que usualmente se reserva para eventos extraordinarios (Garfinkel, 2006:9), aprendiendo de ellos como fenómenos que son, por derecho propio, las competencias- habilidades y conocimientos- para realizar acciones que alcanzan los logros.

BIBLIOGRAFÍA

CORAGGIO, J.L. (1995) *Desarrollo Humano, economía popular y educación.* Aique Grupo Editor. Argentina

DAGNINO, R. (2008) *Neutralidad da ciencia e determinismo tecnológico.* Editora UNICAMP. Campina Grande. Brasil

DAGNINO, R. (2010) a. *Estudos Sociais da Ciencia e Tecnologia & Política de Ciencia e Tecnología. Alternativa para uma nova América Latina.* Ed. Eduepb- UNICAMP. Campina Grande. Brasil

GARFINKEL, H. (2006) *Estudios en Etnometodología.* Anthropos Editorial. Barcelona

KUHN, T. (1998) *La estructura de las revoluciones científicas.* Fondo de la Cultura Económica. Buenos Aires. Argentina

LATOUR, B. (2008) *Reensamblar lo social. Una introducción a la teoría del actor-red.* Ed. Manantial Buenos Aires. Argentina.

MAX NEEF, M. (1985) *Economía a escala humana.* Cap IV y V. CEPAUR. Chile.

PEYLOUBET, P., FENOGLIO, V. y otros (2010a) "Modelo cognoscente que resignifique el binomio problema- solución. Perspectiva perceptiva y metodológica." Ponencia Congreso ESOCITE. Universidad Nacional de Quilmes. Junio 2010. Bs. As. Argentina

PEYLOUBET, P. (2010b) "Aportes al Plan Nacional de Ciencia, Tecnología e Innovación 2011-2014". Mesa de trabajo: *Ciencia, Tecnología e Innovación para el Desarrollo Social.* Ministerio de Ciencia, Tecnología e Innovación Productiva. Argentina

PNUD. (1988) Programa de Naciones Unidas para el Desarrollo. Informe sobre pobreza. Superar la Pobreza.

SOUSA SANTOS, B. (2009) *Epistemología del sur.* CLACSO. Siglo xxi editores, s.a. Buenos Aires. Argentina

NOTAS

[1] El presente trabajo forma parte de la tesis doctoral de la autora y de otras presentaciones que la misma ha realizado en los últimos años en diversos eventos públicos.

[2] Neutralidad científica: inexistencia de valores en la producción de conocimiento. Construcción de conocimientos desprovistos de valores, siendo la Ética promotora del buen uso de los mismos.

[3] Determinismo tecnológico: argumento que plantea a la tecnología como único posibilitante de transformación social.

Currículums

Gabriela Bard Wigdor
Licenciada en Trabajo Social. Becaria de posgrado de CONICET (Consejo Nacional de Investigaciones Científicas y Técnicas) en CIECS (Centro de Investigaciones y Estudios sobre Cultura y Sociedad). Desarrollo de Tesis Doctoral en CEA -Doctorado en Estudios de Género. Finalizando maestría en Trabajo Social con mención en Intervención en la Escuela de Trabajo Social, Universidad Nacional de Córdoba.

Laura Barrionuevo
Licenciada en Trabajo Social. Becaria de posgrado de CONICET (Consejo Nacional de Investigaciones Científicas y Técnicas) en CIECS (Centro de Investigaciones y Estudios sobre Cultura y Sociedad). Desarrollo de Tesis Doctoral en CEA - Doctorado en Estudios Sociales de América Latina. Universidad Nacional de Córdoba

Noelia Cejas
Licenciada en Comunicación Social. Becaria de posgrado de CONICET (Consejo Nacional de Investigaciones Científicas y Técnicas) en CIECS (Centro de Investigaciones y Estudios sobre Cultura y Sociedad). Desarrollo de Tesis Doctoral en CEA - Doctorado en Estudios Sociales de América Latina. Universidad Nacional de Córdoba

Alvaro Di Bernardo
Arquitecto. Becario de posgrado de CONICET (Consejo Nacional de Investigaciones Científicas y Técnicas) en CEVE (Centro Experimental de la Vivienda Económica). Desarrollo de Tesis Doctoral en la Facultad de Arquitectura, Urbanismo y Diseño – Universidad de Mendoza.

Corina Echavarría
Politóloga. Dra en Administración. Magíster en Administración Pública. Investigadora asistente del CONICET (Consejo Nacional de Investigaciones Científicas y Técnicas) en el CIECS (Centro de Investigaciones y Estudios sobre Cultura y Sociedad). Profesora e investigadora de la Facultad de Ciencia Política y Relaciones Internacionales de la Universidad Católica de Córdoba y de la Escuela de Ciencias de la Información de la Universidad Nacional de Córdoba.

Valeria Fenoglio
Arquitecta. Becaria de posgrado de CONICET (Consejo Nacional de Investigaciones Científicas y Técnicas) en CIECS (Centro de Investigaciones y Estudios

sobre Cultura y Sociedad). Desarrollo de Tesis Doctoral en la Facultad de Arquitectura-Universidad Nacional de Tucumán.

Celina Filippín

Doctora en Ciencias, Magister en Energías Renovables, Arquitecta. Investigadora Independiente de CONICET en el área Eficiencia Energética en Edificios - Arquitectura Bioclimática.

Emiliana Martina

Tesista de Grado de la Facultad de Arquitectura, Urbanismo y Diseño de la Universidad Nacional de Córdoba. Becaria de posgrado de CONICET (Consejo Nacional de Investigaciones Científicas y Técnicas) en CIECS (Centro de Investigaciones y Estudios sobre Cultura y Sociedad) a partir del año 2012.

Mariana Ortecho

Licenciada en Arte. Becaria de posgrado de CONICET (Consejo Nacional de Investigaciones Científicas y Técnicas) en CIECS (Centro de Investigaciones y Estudios sobre Cultura y Sociedad). Desarrollo de Tesis Doctoral en CEA - Doctorado en Estudios Sociales de América Latina. Universidad Nacional de Córdoba

Florencia Pasquale

Abogada. Becaria de posgrado de CONICET (Consejo Nacional de Investigaciones Científicas y Técnicas) en CEVE (Centro Experimental de Vivienda Económica). Desarrollo de Tesis Doctoral en la Facultad de Derecho y Ciencias Sociales de la Universidad Nacional de Córdoba.

Paula Peyloubet

Dra. Arquitecta. Magíster en Desarrollo Urbano. Investigadora adjunta del CONICET (Consejo Nacional de Investigaciones Científicas y Técnicas) Investigadora de CIECS (Centro de Investigaciones y Estudios sobre Cultura y Sociedad). Investigadora de SECyT- UNC. (Secretaría de Ciencia y Tecnología de la Universidad Nacional de Córdoba). Profesora de Grado y Posgrado de la Facultad de Arquitectura, Urbanismo y Diseño de la Universidad Nacional de Córdoba.

Gabriela Valladares

Bióloga. Becaria de posgrado de CONICET (Consejo Nacional de Investigaciones Científicas y Técnicas) en CIECS (Centro de Investigaciones y Estudios sobre Cultura y Sociedad). Desarrollo de Tesis Doctoral en Departamento de Química Orgánica de la Facultad de Ciencias Químicas. Universidad Nacional de Córdoba.

Institución CIECS-CONICET: *Centro de Investigaciones y Estudios sobre Cultura y Sociedad. Unidad Ejecutora de CONICET. Espacio multidisciplinario orientado a la investigación y desarrollo en el ámbito de las Ciencias Sociales y Humanidades. Con sede en la Ciudad de Córdoba-Argentina. www.cea-conicet.gov.ar*